KB198697

AI시대, 꿈의 연금술사

성공하는 사람들의 새로운 도구들

AI시대, 꿈의 연금술사

• 방승영, 박배영, 양현진, 신지은 지음 •

리드썸

차례

PART 1
성장과 도전, 삶을 바꾸는 선택 방승영

01 평범한 직장인, 창업을 결심하다 . 9

02 성장의 문을 열다 . 18

03 또 다른 시작, 쇼핑몰 운영과 스마트스토어 강사 . 25

04 창업을 고민하는 또 다른 나에게 . 30

05 가정과 일의 균형 . 38

06 도전과 기회로 가득 찬 삶 . 43

07 AI, 성공을 위한 새로운 도구 . 47

PART 2
도전의 불꽃, 성공을 밝히다 박배영

01 호기심이 길러낸 공학자의 꿈 . 55

02 실무 중심 교육으로 미래를 준비하다 . 61

03 새로운 가치를 창출하기 위한 결단 . 65

04 젊음, 미래를 여는 열쇠 . 70

05 열정과 도전으로 빛나는 내일 . 74

06 국제 표준을 통해 경쟁력을 높이다 . 80

07 AI 시대를 맞이하는 우리의 자세 . 87

PART 3
삶을 바꾸는 책 쓰기의 마법 양현진

01 점들을 연결하며 그려진 나의 이야기 . 95

02 직장생활, 육아, 그리고 책 출간: 그냥 하면 된다 . 101

03 책 출간 후 삶의 전환점: 자존감 회복과 새로운 도전 . 106

04 책 쓰기, 삶을 변화시키는 힘 . 111

05 글쓰기에 대해서 경계해야 하는 말: "무조건 이렇게 해야 한다." . 118

06 자신의 프레임을 벗어나 책을 써서 부자가 되라 . 125

07 AI 시대의 두려움, 그 감정도 우리의 일부다 . 131

PART 4
나는 경단녀로 살지 않기로 했다 신지은

01 엄마의 꿈: 아이를 위해 나를 키우다 . 139

02 경단녀가 아닌, 성장을 선택하다 . 143

03 끊임없는 배움과 도전으로 만들어 낸 나의 삶 . 146

04 위기가 바꾼 나의 인생 방향 . 152

05 가난에서 성공까지: 배움의 가치 . 156

06 도전을 두려워하지 않아야 하는 이유 . 162

07 AI 시대, 워킹맘으로 살아가기 . 168

성장과 도전, 삶을 바꾸는 선택

- 방승영 -

평범한 직장인, 창업을 결심하다

나는 자동차를 좋아했다. 어릴 적부터 개인택시를 운영하는 아버지를 보며 자라왔기 때문인지, 자동차와 관련된 일을 하고 싶다는 꿈을 가지고 있었다. 대학 졸업 후, 운 좋게도 자동차 관련 회사에 취직하게 되었다. 현대자동차와 협력하는 회사에서 나는 7년 동안 근무하며 다양한 경험을 쌓았다. 이 회사에서의 경험은 나를 창업의 길로 이끄는 중요한 계기가 되었다.

회사 생활을 시작하고, 처음에는 나름 만족스러웠다. 내가 좋아하는 자동차와 관련된 일을 하며, 동료들과 함께 프로젝트를 완수하는 성취감을 느꼈다. 그러나 시간이 지나면서 직장생활을 돌아보게 만드는 일이 생겼다. 보통의 회사가 그렇듯 회사에 다니고 4년 차가 되면 대리로 진급이 된다. 하지만 첫해 나는 승진에서 누락이 되었다. 4년 차에 바로 승진이 되지 않는 것은 지금까지 회사 내부에서 늘 빈번하던 일이라 나도 '그렇구나'하고 넘기며 다시 마음을 다잡고 1년 뒤를 노렸다.

그러나 1년 뒤, 냉혹한 현실을 마주하게 되었다. 동기들 중 일부는 진급했지만 나는 또다시 누락되고 말았다. 그때부터 회사 생활에 회의감이 들기 시작했다. 열심히 일했지만, 그에 대한 보상이 따라오지 않는 현실은 나를 좌절하게 만들었다.

회사에서 누구보다도 열심히 일했었기에 진급 누락은 내게 큰 충격이었다. 지금까지 내 일처럼 주말에도 출근하며, 남들보다 일찍 출근하고 늦게 퇴근하는 날이 많았다. 그러나 그런 노력은 나에게 보상으로 돌아오지 않았다. 회사에서는 진급하지 않으면 연봉이 오르지 않는 구조였다. 연차가 쌓여도 급여가 인상되지 않고, 직급별로 급여가 동일했다. 이러한 구조 속에서 나는 점점 더 불만을 느끼게 되었다.

동기들 중 세 명이 진급하고, 나와 다른 친구가 누락된 상태에서 나는 점점 회사 생활에 대한 의문을 가지기 시작했다.

'왜 내가 이렇게 열심히 일하는데도 보상을 받지 못하지? 내가 이 회사에서 계속 일하는 것이 과연 의미가 있는 걸까?'

이러한 고민은 나로 하여금 새로운 길을 모색하게 만들었다.

AI시대, 꿈의 연금술사

창업을 결심하게 된 결정적인 순간은 친한 선배와의 대화에서 비롯되었다. 공무원 생활을 하다 창업에 도전해 성공한 그는, 나에게도 창업을 권유했다. 누구나 그렇듯 처음에는 망설였다. 창업이란 것은 큰 도전이자 위험을 수반하는 일이었기 때문이다. 그러나 그 선배의 이야기를 들으면서 조금씩 용기를 가질 수 있었다. 그는 자신의 통장 내역을 보여주며, 사업의 수익성을 강조했다. 그가 보여준 통장 내역은 놀라웠다. 회사원인 당시 내 월급이 300만 원 남짓이었던 반면, 그 선배는 한 달에 2,500만 원에서 3,000만 원을 벌고 있었다.

해충 퇴치 사업은 내게 매우 생소한 분야였다. 하지만 선배의 설명을 들으면서 점차 그 가능성에 매료되기 시작했다. 그는 해충 퇴치 사업의 가능성과 전망에 대해 설명해 주었고, 나에게 큰 동기부여가 되었다.

나도 내가 노력한 만큼 보상을 받을 수 있는 길을 찾고 싶다는 생각이 들었다. 일단 무엇을 할지 고민했다. 먼저 창업의 길을 걷고 나에게 조언을 해주었던 선배가 하던 일이 해충퇴치 사업이었고, 선배의 통장에서 알 수 있듯이 그 분야에서 성공적으로 자리매김하고 있었다. 나는 그에게 사업에 대해 자세히 물어보았다.

그렇게 나는 창업을 결심했다.

물론 처음부터 바로 결심한 것은 아니었다. 수없이 생각하고 고민했다. 너무나 많은 생각이 들어 복잡했다. 진급은 누락됐지만 그래도 큰 회사의 안정적인 직업을 내려놓아야 한다는 점, 사업을 시작한다고 해도 바로 선배처럼 안정적인 돈을 벌 수 있을지에 대한 의문 등 걱정되는 부분이 한둘이 아니었다. 특히 해충 퇴치라는 사업, 곧 나의 직업이 된다는 사실에 있어서 망설여졌다. 내가 자라온 시대에는 대기업에 들어가 직장생활하는 것을 더 좋게 생각하고 있던 시대였고 그렇게 배우며 자랐다. 해충퇴치를 한다는 것이 현재 회사를 다니는 것만큼 자부심이 있는 일일까에 대한 의문이 좀처럼 사라지지 않았다.

그런데 문득 이런 생각이 들었다.

'가만히 앉아서 고민만 한다고 해결되는 게 아니다!'

일단 움직이고 무언가를 해봐야 알 수 있다. 한 번도 해본 적 없는 일을 내가 앉아서 생각만 한다고 답이 나오는 건 아니다. 이를 깨닫고 나서야 행동할 수 있었다. 그래서 나는 바로 선배에게 찾아가 고민을 털어놓았다. 현재 사업을 성공리에 하고 있는 선배는 앞으로 해충 퇴치 사업의 성장 가능성을 제시했다. 새로운 사업과 함께 나도 성장할 수 있다는 것을 알게 되었다. 이 사업이 내가 찾고 있던 새로운 길일지도 모른다고 생각하게 되었다.

결심은 행동하는 순간 시작된다. 그렇게 나는 주말마다 선배의 회사에 출근했다. 그렇게 3개월 동안 해충 퇴치 사업을 배우기 시작했다. 선배의 회사에서 실습하며, 해충 퇴치 작업의 실제 과정을 체험했다. 처음에는 모든 것이 낯설고 어려웠다. 그러나 나는 포기하지 않았다. 열심히 배우고, 선배의 조언을 듣고, 현장에서 직접 경험을 쌓아갔다. 그렇게 3개월 동안의 실습을 마친 후, 나는 선배에게 프랜차이즈 형태로 해충 퇴치 사업을 하겠다고 제안했다. 선배는 흔쾌히 수락했고, 본사가 지방에 있었기 때문에 나는 서울 경기 지역을 맡아서 본격적으로 사업을 시작할 수 있게 되었다.

초기에는 어려움이 많았다. 사업을 처음 시작하는 것이 쉽지 않았고, 예상치 못한 문제들이 끊임없이 발생했다. 그러나 나는 이를 극복하기 위해 밤낮없이 노력했다. 사업을 시작하면서 가장 중요하게 생각했던 것은 고객 만족이었다. 고객들이 만족할 수 있는 서비스를 제공하기 위해 나는 최선을 다했다. 그 결과, 점차 고객들의 신뢰를 얻게 되었고, 사업은 조금씩 성장해 갔다.

코로나 시기가 찾아왔을 때는 해충 퇴치 사업에서 소독 사업으로 확장하게 되었다. 코로나가 기승을 부릴수록 소독 사업의 수요가 급증하게 되었다. 직원을 두 배 세 배로 늘려갈 만큼 사업의 성장 속도가 빨라졌다. 직원들과 하루 종일 일해도 다 못할 정도로 일이 많이 들어왔고, 매출도 상당히 높았다. 그러나 성공 뒤에는 항상 도전과 어려움이 따른다. 코로나가 완화되어 일상이 회복되면서 소독 수요가 줄어들었고, 사업의 방향도 다시 해충 퇴치로 돌아가야 했다. 이러한 변화 속에서 나는 끊임없이 새로운 기회를 찾으려 노력했다. 방역협회의 교육 부회장 직함을 맡게 된 것도 그러한 노력의 일환이었다. 이는 사업에 새로운 기회를 열어주었다.

해충 퇴치로 다시 전환한 후, 규모 있는 한 기업에서 인수 제안을 해왔다. 결국, 사업 매각이라는 큰 결정도 하게 되었다. 이러한 경험은 나로 하여금 끊임없이 변화를 수용하고, 새로운 기회를 찾도록 만들었다.

해충 퇴치 사업을 하는 동안 그 과정에서 많은 것을 배웠다. 첫째, 창업은 단순히 아이디어를 실행에 옮기는 것이 아니라, 끊임없이 배우고 적응하는 과정이라는 것. 둘째, 실패는 성공의 일부이며, 실패를 두려워하지 않고 도전하는 자세가 중요하다는 것이다. 셋째, 고객의 신뢰와 만족이 사업의 성공을 결정짓는 가장 중요한 요소라는 것도 경험하게 되었다.

사업 성공을 위한 주요 단계

또한, 나는 창업을 결심하고 실행에 옮기면서 인생이 크게 변화했다는 것을 깨달았다. 회사라는 안정된 직장생활을 벗어나, 내가 주도적으로 일을 계획하고 실행하는 과정에서 더욱 성장해 나가고 있음을 느낄 수 있었다. 물론 이 과정에서 많은 어려움과 도전에 직면했지만, 그것이 나를 단단하게 만들어 주었다.

점차 시간이 흐르고 나니 한편으로 이러한 경험을 통해 누군가에게 도움이 될 수 있지 않을까 생각하게 되었다.

'창업을 고민하는 사람들에게, 나의 이야기가 작은 용기와 영감을 줄 수 있지 않을까?'

창업은 쉽지 않은 길이지만, 그 과정에서 얻는 보람과 성장은 무엇과도 바꿀 수 없는 가치다. 나 역시 수많은 도전과 실패를 겪었지만, 그 모든 경험들이 나를 더욱 강하게 만들었고, 지금의 나를 있게 했다.

회사에 다니면서 느꼈던 회의감과 불만족을 똑같이 느끼고 있을 누군가에게, 현재 창업을 고민하고 결심한 사람들에게 나의 이야기가 실질적인 도움이 되었으면 좋겠다. 그리고 그 고민을 조금 덜어줬으면 좋겠다.

마지막으로, 이 책을 통해 많은 이들이 자신의 길을 찾고, 행복을 추구할 수 있기를 진심으로 바란다.

02

성장의 문을 열다

창업을 결심한 후, 내가 처음 한 건 퇴사가 아니었다. 분명 당시의 나는 직장생활에 회의를 느끼고 있었지만 '새로운 길을 가기로 결심했으니 당장 때려치우자!'는 아니었다.

고민 끝에 해충 퇴치 사업을 시작하기로 결정한 후, 기존 회사에 다니는 것을 유지하며 주말마다 선배의 회사를 방문해 실습을 시작했다. 3개월 동안 해충 퇴치의 기본을 배우며 현장에서 직접 경험을 쌓았다. 이 과정은 나에게 큰 배움과 성장을 안겨 주었다.

새로운 분야에 대한 도전은 나에게 두려움과 흥분을 동시에 안겨주었다. 해충 퇴치라는 분야도 굉장히 새롭고 낯선 것이었지만, 그만큼 가능성도 무궁무진해 보였다.

3개월 후 나는 해충 퇴치 기술을 대부분 배웠고, 본격적으로 사업을 시작할 수 있게 되었다. 시작할 때도 나는 바로 내 브랜드를 만들고 맨땅에서 시작하는 것을 선택하지 않았다. 먼저 선배 회사의 프랜차이즈 형태로 사업을 시작했다. 선배의 사업 노하우를 전수받고, 그의 브랜드를 사용하는 방식으로 초기 비용을 줄일 수 있었다. 이 선택이 나에게는 정말 큰 도움이 되었다. 사업 초반에는 브랜드 인지도가 부족하고, 나 역시 경험이 부족했기 때문에 프랜차이즈는 안전한 선택이었다. 물론 프랜차이즈 사업도 쉬운 일은 아니었다. 아직 인지도가 없는 지역에서 고객을 확보해야 했고, 그것이 나의 첫 도전이자, 가장 큰 과제였다.

처음 몇 달 동안은 고객이 별로 없었다. 기존에 사업을 하던 지역이 아니었기 때문에 고정 고객도 없었고, 해충 퇴치 사업이라는 특성상 문제가 생겼을 때 고객들이 업체를 찾아보는 서비스다 보니 노출이 되지 않으면 아예 일이 들어오지 않았다. 이를 극복하기 위해 나는 직접 발로 뛰는 마케팅을 시작했다. 전단지를 돌리고, 식당에 명함을 나눠주며 적극적으로 홍보를 펼쳤다. 하지만 이는 고생 대비 효과가 좋지 않았다. 그래서 인터넷을 활용하기로 했다. 지역 커뮤니티에 광고를 내고, 소셜미디어를 활용해 홍보하는 것이다. 특히 소셜미디어는 나에게 큰 도움이 되었다. 해충 퇴치 서비스를 이용해 본 고객들이 그 후기를 작성해 주면, 이같은 서비스가 필요한 사람들이 정보검색을 통해 그 후기를 보고 찾아

주는 방식이었다.

그렇게 나를 믿고 찾아준 고객 한 명 한 명에게 최선을 다해 서비스를 제공했다. 해충 퇴치 작업 후에는 항상 고객들에게 피드백을 요청하고, 개선할 점을 찾아 나갔다. 이러한 노력 덕분에 점차 입소문이 퍼지기 시작했고, 고객들이 조금씩 늘어갔다.

나는 아직도 첫 번째 고객을 생생하게 기억한다. 생생하게 기억한다. 그 고객은 나의 서비스에 매우 만족했고, 이후에도 여러 번 재이용해 주었다. 이러한 성공 사례가 쌓여갈수록 나에게 큰 자신감을 안겨 주었다.

고객 확보 다음의 과제는 기술의 숙련이었다. 해충 퇴치 작업 환경이 항상 깨끗하고 안전한 곳은 아니기에, 때로는 매우 위험한 상황도 발생했다. 나는 이러한 상황을 극복하기 위해 끊임없이 노력했다. 안전 장비를 철저히 준비하고, 작업 전후로 빠짐없이 안전 점검을 실시했다. 또한, 해충 퇴치 작업의 효율성을 높이기 위해 최신 장비와 기술을 도입했다. 이러한 노력 덕분에 나는 점차 경험을 쌓아갔고, 작업의 효율성과 안전성을 높일 수 있었다.

사업 초기에 고객과 기술력을 쌓으면, 다음 도전은 자금 관리에 있다. 창업 초기에는 수익이 안정적이지 않았기 때문에 자금

AI시대, 꿈의 연금술사

관리가 매우 중요했다. 나는 모든 지출을 철저히 관리하고, 불필요한 지출을 최소화했다. 또한, 수익을 재투자해 사업을 확장해 나갔다. 초기에는 작은 규모의 작업으로 시작했지만, 점차 큰 작업을 맡게 되었고, 수익도 안정적으로 증가하기 시작했다. 이러한 자금 관리는 나의 사업을 지속 가능하게 만드는 중요한 요소였다.

사업을 시작한 지 1년이 지나자, 나는 처음으로 큰 프로젝트를 맡게 되었다. 한 대형 건물의 해충 퇴치 작업이었다. 이 프로젝트는 나에게 큰 도전이자 기회였다. 나는 철저한 준비와 계획을 세우고, 팀을 조직해 작업을 시작했다. 이 프로젝트는 나에게 많은 것을 가르쳐 주었다. 대형 프로젝트를 관리하는 법, 팀을 효율적으로 운영하는 법, 그리고 고객과의 소통에 대한 중요성을 배웠다. 이 프로젝트는 성공적으로 완료되었고, 나의 사업에 큰 전환점이 되었다.

이후 나는 다양한 프로젝트를 맡게 되었고, 사업은 점차 안정되기 시작했다. 그러나 여기에서 안주하지 않았다. 계속해서 새로운 도전을 찾아 나갔다. 새로운 서비스와 제품을 개발하고, 시장의 변화에 빠르게 대응했다. 특히, 코로나가 발생하면서 소독 서비스의 수요가 급증하기 시작했고, 나는 이 기회를 놓치지 않았다. 소독 서비스를 추가로 제공하기 시작한 것이다. 이는 앞으로 사업을 크게 성장시키는 계기가 되었다.

　코로나 시기로 소독 서비스의 수요가 급증하면서 나의 사업은 급격히 성장했다. 그러나 한편으로는 또 다른 도전의 시기이기도 했다. 갑작스러운 수요 증가로 인해 인력과 자원이 부족해지는 문제가 발생했기 때문이다. 이를 해결하기 위해 나는 신속히 인력을 충원하고, 효율적인 자원 관리를 도입했다. 또한, 코로나 방역 지침을 철저히 준수하며, 고객들에게 안전한 서비스를 제공하기 위해 노력했다. 이러한 노력 덕분에 나의 사업은 꾸준히 성장할 수 있었다.

　사업의 성장과 함께 나는 다양한 협력 기회를 모색했다. 방역 협회의 교육 부회장 직함을 맡게 된 것도 그러한 노력의 일환이었다. 이를 통해 나는 방역 분야의 최신 정보를 얻고, 네트워크를 확장할 수 있었다. 또한, 방역 협회와 함께 다양한 교육 프로그램을 개발하고, 이를 통해 많은 사람들이 방역과 해충 퇴치에 대한 지식을 쌓을 수 있도록 도왔다.

　그 와중에 위기가 찾아왔다. 코로나의 일상 회복으로 소독 수요가 줄어들었기 때문이다. 나는 다시 해충 퇴치로 돌아가야 했다. 이 과정에서 나는 끊임없이 새로운 기회를 탐색했다. 소독 사

AI시대, 꿈의 연금술사

업의 감소는 나에게 큰 고비였지만, 오히려 이를 기회로 삼아 새로운 서비스를 개발하기 시작했다. 해충 퇴치뿐만 아니라, 주거 환경 개선을 위한 다양한 서비스를 제공하기 시작한 것이다. 다행히도 사업은 다시 안정되어 갔다.

사업을 운영하면서 나는 많은 교훈을 얻었다. 첫째, 고객 만족이 가장 중요하다는 것이다. 고객의 만족은 사업의 성공을 결정짓는 가장 중요한 요소다. 나는 항상 고객의 피드백을 중요하게 생각하고, 이를 바탕으로 서비스를 개선해 나갔다. 둘째, 변화에 빠르게 대응하는 능력이 중요하다. 시장의 변화는 항상 예상치 못하게 다가온다. 이러한 변화에 빠르게 대응하고, 새로운 기회를 찾아 나가야 한다. 셋째, 끊임없이 배우고 성장하는 자세가 필요하다. 나는 항상 새로운 지식을 쌓고, 이를 사업에 적용하기 위해 노력했다.

또 하나, 사업의 성공을 위한 팀의 중요성도 깨달았다. 사업을 시작하기 전에는 막연히 나 혼자 잘하면 된다고 생각했던 적이 있었는데, 절대 혼자서 모든 것을 할 수 없다. 좋은 팀을 구성하고, 팀원들과의 협력이 이루어져야 더 큰 성과를 이룰 수 있다. 그래서 나는 팀원들의 의견을 존중하고, 그들의 성장을 도왔다. 이를 통해 나의 사업은 더욱 강력해질 수 있었다.

창업 초기의 도전과 성공은 정말 많은 것을 가르쳐 주었다. 처음에는 모든 것이 낯설고 어려웠지만, 끊임없는 노력과 열정으로 이를 극복해 나갔다. 지금도 나는 새로운 도전을 찾아 나가고 있다. 지금까지의 경험들을 통해 나처럼 평범한 직장인에서 창업을 꿈꾸는 이들에게 작은 씨앗이 되었으면 좋겠다.

지속적인 비즈니스 개선 사이클

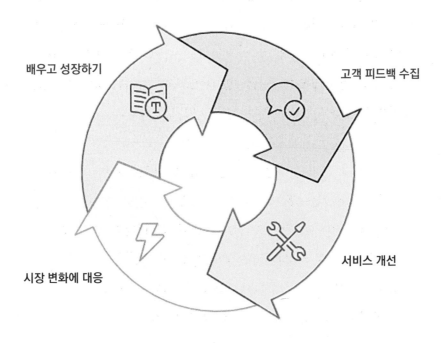

03

또 다른 시작,
쇼핑몰 운영과 스마트스토어 강사

방역협회 교육 부회장을 맡으면서 해충 퇴치와 소독 사업을 안정적으로 꾸려나가고 있던 시기였다. 규모가 좀 있던 청소회사에서 방역사업을 시작했다가 코로나가 안정되고 일이 많이 줄어드니까 나에게 해충 퇴치를 배우고 싶다고 따로 요청을 해왔다. 나는 "따로 사적으로 교육을 진행하진 않습니다."라고 말씀드렸다. 그래도 방법이 없냐고 물어오셨고, 나는 농담 반 진담 반으로 말했다.

"저희 회사 사가시면 제가 다 알려드리겠습니다."

그러자 적극적으로 검토하겠다며 인수 의사를 내비쳤고, 6개월간의 협의 끝에 인수되었다. 나는 그렇게 현재의 직원들을 그대로 채용해 주는 조건으로 나름 성공적으로 회사를 매각하게 되었다.

해충 퇴치와 소독 사업에서 성공을 거둔 후, 나는 새로운 도전을 찾아 나섰다. 이번에는 온라인 쇼핑몰 운영이었다. 해충 퇴치 사업을 하면서도 해충 퇴치용품이나 소독제를 온라인으로 판매해 본 경험이 있었기에, 온라인 비즈니스에 대한 관심이 높았다. 이렇게 시작된 나의 쇼핑몰 운영은 또 다른 성공의 길을 열어주었다.

처음 온라인 쇼핑몰을 시작할 때, 나는 여러 가지 고민과 두려움이 있었다. 기존 사업과는 다른 완전히 새로운 분야였기 때문이다. 하지만 처음에도 그랬듯이 끊임없이 배워가며, 쇼핑몰 운영에 필요한 기술과 지식을 익혀나갔다. 특히 스마트스토어 플랫폼을 활용하여 쇼핑몰을 운영하는 것이 매우 효율적이라는 것을 파악하게 되었다. 이 플랫폼을 통해 제품을 쉽게 등록하고 관리할 수 있었으며, 다양한 마케팅 도구를 활용하여 고객을 유치할 수 있었다.

쇼핑몰을 운영하면서 가장 중요하게 생각한 것은 고객의 신뢰를 얻는 것이었다. 해충 퇴치 사업에서 배운 고객 서비스의 중요성을 쇼핑몰 운영에도 적용했다. 제품의 품질을 철저히 관리하고, 고객의 문의와 불만을 신속하게 처리했다. 고객들이 만족할 수 있는 서비스를 제공하기 위해 노력했다. 이러한 노력은 점차 결실을 맺기 시작했다.

처음에는 작은 규모로 시작한 쇼핑몰이었지만, 점차 고객이 늘어나면서 매출도 증가했다. 특히 특정 시즌에 대비하는 마케팅 전략이 큰 효과를 보았다. 예를 들어, 여름철에는 해충 퇴치용품의 수요가 급증하기 때문에, 이에 맞춘 프로모션을 진행하는 것이다. 또한, 고객 리뷰를 적극 활용하여 신뢰를 쌓았다. 만족한 고객들이 남긴 긍정적인 리뷰는 새로운 고객을 유치하는 데 큰 도움이 되었다.

쇼핑몰 운영에서 또 하나 중요한 것은 데이터 분석이었다. 고객의 구매 패턴을 분석하고, 이를 바탕으로 마케팅 전략을 세웠다. 어떤 제품이 잘 팔리는지, 어떤 마케팅 채널이 효과적인지 등을 분석하여 운영에 반영했다. 이를 통해 보다 효율적인 운영이 가능해졌다.

쇼핑몰 운영이 안정기에 접어들면서, 나는 또 다른 도전을 찾게 되었다. 바로 스마트스토어 강사로서의 활동이었다. 쇼핑몰 운영에서 얻은 경험과 지식을 다른 사람들과 공유하고 싶다는 생각이 들었다. 많은 사람들이 온라인 쇼핑몰 운영에 관심을 가지고 있지만, 막상 시작하려면 막막해하는 경우가 많았다. 그런 사람들에게 나는 실질적인 도움을 주고 싶었다.

그렇게 시작한 강사로서의 활동은 큰 보람이 있었다. 수강생들이 나의 강의를 듣고 쇼핑몰을 성공적으로 운영하는 모습을 보며 이전과는 다른 성취감을 느꼈다. 나는 강의를 통해 단순히 이론적인 내용을 전달하는 것이 아니라, 실제 경험을 바탕으로 한 실질적인 조언과 팁을 제공하고자 했다. 이로써 수강생들이 자신감을 얻고, 창업에 대한 두려움을 극복하는 것을 보게 되었다.

나는 강의할 때 특히 실패 사례에 대한 공유를 중요하게 생각한다. 왜냐하면, 많은 사람들이 성공 이야기만 듣고 창업을 시작했다가 실패를 겪고, 쉽게 좌절하는 모습을 봐왔기 때문이다. 나역시 수많은 실패를 겪었지만, 그 모든 경험이 지금의 나를 만들었다고 생각한다. 그래서 수강생들에게도 실패를 두려워하지 말고, 이를 통해 배우고 성장하는 기회임을 강조한다.

강의를 통해 만난 수강생들과의 교류도 큰 힘이 된다. 그들의 열정과 도전 정신은 나에게도 많은 영감을 주었다. 수강생들이 쇼핑몰을 운영하며 겪는 다양한 문제들을 함께 해결해 나가며, 나역시 많은 것을 배울 수 있었다. 그들의 성공은 나에게 큰 기쁨과 보람을 주었다.

스마트스토어 강사로 활동하면서 나는 계속해서 새로운 것을 배우고 성장하는 것을 느낀다. 온라인 쇼핑몰 시장은 빠르게 변화하고 있으며, 이에 발맞추기 위해 끊임없이 공부해야 한다. 새로운 트렌드와 기술을 익히고, 이를 강의에 반영하여 수강생들에게 최신 정보를 제공하려고 노력한다. 또한, 강의를 통해 얻은 피드백을 바탕으로 나의 쇼핑몰 운영에도 반영하고 있다.

이처럼 쇼핑몰 운영과 스마트스토어 강사로서의 활동은 나에게 많은 성장을 가져다주었다. 해충 퇴치 사업에서 시작하여 온라인 쇼핑몰 운영, 그리고 스마트스토어 강사로서의 활동까지. 이 모든 경험들이 나를 더욱 풍부하게 만들었다. 또한, 이를 통해 많은 사람들에게 도움을 줄 수 있다는 것에 큰 보람을 느낀다.

이러한 모든 여정은 나에게 끊임없는 도전과 배움의 과정이다. 그 모든 과정에서 얻은 경험과 지식은 나를 더욱 강하게 만들어 준다. 앞으로도 나는 계속해서 새로운 도전에 나설 것이며, 그 과정에서 얻는 배움과 성장을 통해 더 큰 성공을 이루어 나갈 것이라고 믿는다. 나는 사업의 성공은 단순히 결과가 아니라, 그 과정에서 얻는 성장과 배움의 결과물임을 잊지 않기 위해 노력하고 있다.

04

창업을 고민하는 또 다른 나에게

삶은 각 세대마다 고유한 도전과 기회를 제공하는 복잡한 여정이다. 시대의 변화에 따라 세대마다 직면하는 문제와 그에 따른 목표는 다르게 나타나며, 이를 해결하기 위한 전략 역시 각기 다를 수밖에 없다. 이번 장에서는 각 세대가 직면한 도전과 기회를 어떻게 잘 활용할 수 있는지 생각해 보았다. 같은 시대를 사는 내가 또 다른 나에게 건네는 이야기로 들어주었으면 좋겠다.

· MZ세대에게: 다양한 경험의 중요성

MZ세대는 디지털 네이티브로, 기술과 정보에 익숙한 세대다. 빠르게 변하는 환경에 잘 적응하지만, 그만큼 불확실성도 높다.

다양한 경험을 쌓는 것은 경력을 쌓는 것 이상으로, 자신의 강점과 약점을 파악하고, 진정으로 원하는 것을 찾는 과정이다.

한 번은 한 수강생이 찾아와 고민을 털어놓았다.

"선생님, 저는 지금 다니고 있는 직장이 맞지 않는 것 같아요. 하지만 어떻게 해야 할지 모르겠어요."

그에게 다양한 경험을 쌓는 것이 중요하다고 조언했다. "현 직장에서 배울 수 있는 것을 최대한 배워보세요. 그리고 다른 분야에도 관심을 가져보는 것이 좋습니다. 새로운 도전이 현재의 답답함을 풀어줄 수도 있어요."

그는 이후 다양한 프로젝트에 참여하며 자신의 적성을 찾기 시작했다. 현재 그는 자신이 진정으로 열정을 가질 수 있는 일을 찾아 성공적으로 커리어를 쌓아가고 있다.

요즘 시대를 대표하는 MZ세대. MZ세대는 변화에 대한 두려움이 적고, 새로운 도전을 즐길 수 있는 특징이 있다. 다양한 경험을 쌓는 것은 이들이 성장하는 데 중요한 역할을 한다.

1. **다양한 직무 경험:** 여러 분야에서 일해보는 것은 자신의 강점과 약점을 발견하는 데 도움이 된다. 직무를 바꾸거나, 프로젝트에 참여하는 것은 자신을 더욱 깊이 이해할 수 있는 기회다.

2. **네트워킹:** 다양한 사람들과의 교류를 통해 새로운 기회를 발견할 수 있다. 직장 내외에서 네트워킹을 강화하면 더 넓은 시야와 새로운 가능성을 열 수 있다.

3. **계속 배우기:** 빠르게 변하는 시대에 맞춰 끊임없이 새로운 기술과 지식을 습득하는 것이 중요하다. 자기 계발을 멈추지 않는 것이 MZ세대의 큰 자산이 될 것이다.

• 30~40대 직장인들에게: 부업과 본업의 균형

30~40대는 경력의 중반기에 접어들며, 본업에서의 안정성과 함께 부업을 통한 추가 수입을 고민하게 된다. 이 시기는 가정과 일의 균형을 맞추는 것이 중요하다.

예전에 만난 한 직장인은 본업과 부업 사이에서 고민하고 있었다.

"방승영 선생님, 본업이 안정적이긴 하지만, 더 많은 수입을 위해 부업을 시작하고 싶어요. 어떻게 해야 할까요?"

그에게 이렇게 조언했다. "부업은 본업에 지장을 주지 않는 선에서 시작하는 것이 중요합니다. 초기에는 시간 관리를 철저히 하고, 부업이 성장하면서 자연스럽게 시간을 조정해 나가세요."

그는 주말과 퇴근 후 시간을 활용해 부업을 시작했고, 점차 성공적으로 운영할 수 있었다. 이렇게 부업과 본업을 균형 있게 운영하는 것은 가정과 일의 균형을 유지하는 데 큰 도움이 된다.

이 시기의 직장인들은 직장에서의 성취감과 가정에서의 책임감을 동시에 느낀다. 이들에게는 다음과 같은 부분을 강조하고 싶다.

1. 시간 관리: 부업과 본업을 병행하기 위해서는 철저한 시간 관리가 필요하다. 우선순위를 정하고 계획적으로 시간을 배분하는 것이 중요하다.

2. 가족과의 소통: 가정의 이해와 지지가 필요하다. 부업을 시작하기 전에 가족과 충분히 상의하고, 그들의 지지를 얻는 것이 중요하다.

3. 건강 관리: 건강은 돈으로 살 수 없다. 하지만 유지는 가능하다.

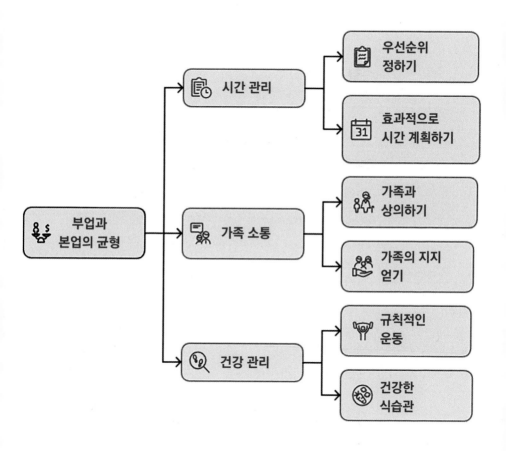

부업과
본업의 균형

시간 관리
- 우선순위 정하기
- 효과적으로 시간 계획하기

가족 소통
- 가족과 상의하기
- 가족의 지지 얻기

건강 관리
- 규칙적인 운동
- 건강한 식습관

아프기 전에 관리해야 한다는 뜻이다. 현대인들의 일정을 소화하기 위해서는 건강 관리가 필수다. 규칙적인 운동과 건강한 식습관을 유지하는 것이 중요하다.

· 50대 은퇴 준비자들에게: 리스크 관리와 창업 준비

50대는 은퇴를 앞두고 새로운 도전을 준비하는 시기다. 리스크를 최소화하면서 창업을 준비해야 한다는 뜻이기도 하다. 큰돈을 들여 한 번에 성공하려 하기보다는, 작은 시도를 통해 잘 되는 방향으로 사업을 키워나가는 것이 중요하다.

한 번은 50대 은퇴 준비자가 찾아와 창업에 대해 상담한 적이 있다.

"방승영 선생님, 은퇴 후 창업을 하고 싶은데, 리스크가 걱정돼요. 어떻게 준비해야 할까요?"

그에게 이렇게 조언했다. "은퇴 자금을 한 번에 모두 투자하기보다는, 작은 규모로 시작해 보세요. 사업이 잘되면 점차 확장하는 것이 좋습니다. 또한, 창업 전에 충분히 시장 조사를 하고, 필요한 기술과 지식을 익히세요."

그는 작은 규모의 사업으로 시작해 점차 확장해 나갔고, 현재는 안정적인 사업을 운영하고 있다. 리스크를 관리하면서 차근차근 창업을 준비하는 것이 성공의 열쇠다.

은퇴를 앞두고 있다고 해서 새로 시작하기에 늦은 나이일까? 절대 아니다. 지금부터가 시작이다. 물론 20대, 30대처럼 할 수 있다고 하기엔 살짝 힘들 수 있다는 걸 부정할 순 없지만, 그게 늦었다는 의미는 아니다. 지금부터라도 건강을 잘 관리하여 시작한다면 절대 늦은 나이가 아니다. 이미 늦었다는 나약한 생각에서 벗어나 새로운 도전을 준비해야 더 멋진 60대, 70대 그 이후가 기다리고 있다.

1. 작은 시도: 처음부터 큰 자금을 투자하기보다는 작은 규모로 시작해 사업의 가능성을 테스트하는 것이 중요하다.

2. 시장 조사: 충분한 시장 조사를 통해 사업의 타당성을 검토하고, 경쟁 상황을 분석하는 것이 필요하다.

3. 기술과 지식 습득: 필요한 기술과 지식을 충분히 익힌 후 창업하는 것이 성공 가능성을 높인다. 관련 교육을 받거나 전문가의 조언을 구하는 것도 좋다.

AI시대, 꿈의 연금술사

각 세대마다 그리고 개인마다 그에 맞는 고유한 도전과 기회가 있다. 중요한 것은 그 도전을 어떻게 받아들이고, 기회를 어떻게 활용하느냐다.

MZ세대에게는 다양한 경험을 쌓는 것이, 30~40대 직장인에게는 부업과 본업의 균형을 맞추는 것이, 50대 은퇴 준비자에게는 리스크 관리와 창업 준비가 중요하다. 이 내용들을 잘 염두에 두어 각자의 여정에서 더 큰 성공과 행복을 이루게 되길 바란다.

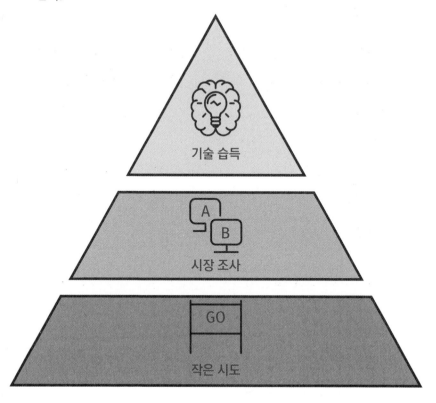

05

가정과 일의 균형

가화만사성(家和萬事成: 집안이 화목하면 모든 일이 잘된다.)이라는 옛말이 있다. 이는 세대가 변하고 시간이 지나도 변하지 않는 진리로 통한다. 그만큼 가정을 잘 돌보려면 일과의 균형을 맞추는 것이 중요하다. 우리는 일에서 성취감을 느끼고, 가정에서는 사랑과 안정을 찾는다. 하지만, 이 두 가지를 균형 있게 유지하는 것은 결코 쉬운 일이 아니다. 그래서 나는 항상 일과 가정 사이에서 어떻게 균형을 맞출 수 있는지에 대해 고민한다.

창업 초기, 해충 퇴치 사업을 시작했을 때는 모든 것이 낯설고 힘들었다. 밤늦게까지 일을 하다 보니 가족과 보내는 시간이 점점 줄어들었다. 그때 아내가 조용히 말했다.

"여보, 당신이 일하는 건 이해하지만, 우리 딸도 당신이 필요해요. 저녁 식사 시간만이라도 함께할 수 없을까요?"

이 말을 듣고 나서야 가정과 일의 균형을 맞추지 못하고 있었다는 것에 큰 충격을 받았다. 가족의 행복을 위해 일에 매달려 달려왔지만, 가족과 보내는 시간이 줄어들수록 가정의 행복도 위태로워진다는 것을 알게 되었다. 이후로 나는 일정을 조정해 저녁 식사 시간만큼은 가족과 함께 보내려고 노력했다.

처음에 나는 돈만 잘 벌어오면, 우리 가족이 풍족해지기만 하면 다 행복할 거라고 믿었다. 하지만 나의 큰 착각이었다. 가정과 일의 균형을 맞추는 것은 개인의 행복과 가정의 안정을 위해 필수적이다. 일이 아무리 중요하더라도 가정의 평화와 행복을 놓쳐서는 안 된다. 가정에서의 안정은 일에서의 성취감을 더욱 높여주기 때문이다.

머리로는 알고 있었지만 일만 보고 달리다 보니 놓치고 있었던 어리석은 나를 꾸짖으며 다음과 같은 목표를 설정했다.

1. 시간 관리: 시간을 효율적으로 관리하는 것은 가장 기본적인 요소다. 일정표를 만들어 중요한 가족 행사와 업무 일정을 조율해야 한다.

2. 소통: 가족과의 소통은 매우 중요하다. 서로의 기대와 필요를 이해하고 맞춰가는 과정이 필요하다.

3. 우선순위 설정: 일이든 가정이든 우선순위를 잘 설정해야 한다. 중요한 가족 행사나 건강 문제는 항상 우선시해야 한다.

내가 목표지향적으로 일만 보고 달리는 사람이라는 걸 깨닫고, 가정과 일의 균형을 맞추기 시작하자, 가족과의 관계는 눈에 띄게 개선되었다. 딸과 더 많은 시간을 보내면서 딸의 학교생활과 친구들에 대해 이야기를 나눌 수 있게 되었고, 와이프와도 더 많은 대화를 나누면서 서로의 생각과 감정을 이해하는 시간을 가지며 관계를 회복해 나갔다.

한 번은 딸이 학교에서 중요한 발표를 준비하는데, 내가 도와주지 못할까 봐 걱정하고 있었다. 그때 나는 딸에게 다가가 말했다.

"우리 딸, 아빠가 도와줄게. 언제 준비할까?"

딸은 매우 기뻐하며, 나와 함께 발표 준비를 시작했다. 이 작은 행동이 딸에게 큰 힘이 되었다는 것을 나중에 알게 되었다. 이러한 경험은 내가 가정과 일의 균형을 맞추는 것이 얼마나 중요한지 다시 한번 깨닫게 해주었다.

강사로서 여러 사람들을 만나다 보니 생각보다 나처럼 일에만 몰두해 달리는 사람이 많다는 걸 알 수 있었다. 특히 그런 사람들은 의식적으로 일과 가정의 균형을 유지하기 위한 전략이 필요하다. 다음은 그 균형을 유지하기 위한 몇 가지 전략이다.

1. 정기적인 가족 시간: 매주 정기적으로 가족과 함께하는 시간을 정하는 것이 좋다. 주말이나 특정 저녁 시간 등 가족 모두가 함께할 수 있는 시간을 정해 활동을 계획한다.

2. 유연한 근무 시간: 가능한 경우 유연한 근무 시간을 활용해 가족과의 시간을 확보한다. 필요할 때는 재택근무를 선택해 가족과의 시간을 늘리는 것이 좋다.

3. 자기 관리: 자기 자신을 잘 관리하는 것도 중요하다. 건강한 신체와 정신 상태를 유지하기 위해 규칙적인 운동과 충분한 휴식을 취한다.

4. 전문적인 도움: 필요한 경우 전문가의 도움을 받는 것도 좋은 방법이다. 예를 들어, 일과 관련된 스트레스를 관리하기 위해 상담을 받거나, 가사 도우미를 고용해 가사 일을 분담하는 등 다양한 방법이 있다.

이처럼 가정과 일의 균형을 맞추는 것은 개인의 행복과 가정의 안정을 위한 필수적인 요소다. 가정에서의 안정은 일에서 성취감을 더욱 높여 주며, 이는 궁극적으로 더 나은 삶을 만들어 준다는 사실을 잊어선 안 된다.

가정과 일 사이에서 균형을 찾는 것이 쉽지 않을 수 있다. 그러나 꾸준히 노력하고 의식적으로 실천해 나간다면, 머지않아 가능해질 것이다. 이러한 노력들이 모여 앞으로의 삶을 더욱 풍요롭고 행복하게 만들어 줄 것이다.

06

도전과 기회로 가득 찬 삶

삶은 도전과 기회로 가득 차 있다. 이건 누구에게나 동일하다. 동일한 조건 속에서 여러 번의 도전과 실패, 그리고 그 속에서 얻은 성공이 지금의 나를 만든다. 지금 당신의 모습은 어떠한가? 현재의 모습에 만족하고 있는가, 아니면 더 큰 도전을 갈망하고 있는가?

성공은 선택의 결과다. 많은 사람들은 성공을 운이나 외부 요인의 결과라고 착각한다. 하지만 진정한 성공은 본인이 내린 선택의 연속으로 만들어진다. 우리가 매일 아침 선택하는 습관, 도전에 맞서는 태도, 그리고 그 도전 속에서 포기하지 않고 배우려는 의지가 바로 성공을 결정짓는다.

현재 당신이 어느 위치에 있든, 지금 이 순간에도 당신은 선택할 수 있다. 더 나아갈 것인지, 아니면 현실에 안주할 것인지 말이다.

처음 해충 퇴치 사업을 시작했을 때, 나에게도 많은 어려움이 있었다. 모든 준비를 철저히 했다고 생각했지만, 예상치 못한 문제들이 끊임없이 발생했다.

한 번은 인천공항 직원 사무실의 코로나 살균 소독 프로젝트를 따내고 한껏 들떠 있을 때였다. 사전에 협의 없었던 창고를 추가로 소독해달라는 요청을 받아 매우 당황했다. 추가로 일을 더 해준다면 인건비가 올라가는 상황이라 무척 고민하게 되었다. 인천공항 측에서 한정된 예산으로 진행되기 때문에 양해를 부탁한다는 말을 듣고 따로 비용 추가 없이 자부담으로 진행하기로 마음먹었다. 이왕 하기로 선택했으니 기분 좋게 진행했다. 그렇게 마무리되는 듯했는데 프로젝트 종료 후에 책임자가 말했다.

"추가 예산을 신청했는데 정기적으로 진행해 줄 수 있을까요?"

뜻밖의 요청을 받게 된 것이다.

예상했던 수익에 미치지 못해 득보다 실이 컸다고 생각했는데 이것이 오히려 전화위복이 된 것이었다. 이를 통해 당장의 수익도 중요하지만 서로 배려하는 태도가 관계를 깊고 지속시킬 수 있는 기회가 될 수 있다는 깨달음을 얻었다.

실패는 누구나 한다. 그러나 실패를 부정하거나 회피하지 않고, 있는 그대로 받아들이는 것은 아무나 못 한다. 이간은 차이가 성장의 차이로 나타난다. 실패는 경험이자 재산이다. 실패에서 배울 수 있는 교훈을 찾아야 한다. 무엇이 잘못되었는지, 어떻게 개선할 수 있는지 분석해야 한다. 실패에 좌절하지 않고, 다시 도전하는 용기를 가져야 한다. 반복된 도전이 결국 성공을 가져다주는 것임을 잊지 말자.

사업이 안정된 후에도 나는 새로운 도전을 멈추지 않았다. 스마트스토어 강사로 활동을 시작한 것도 그런 도전 중 하나였다. 맨 처음 강의를 시작할 때는, 내가 잘할 수 있을지 두려움이 컸다. 강의 첫날, 강단에 서서 수강생들과 눈이 마주쳤을 때, 긴장감이 몰려왔다.

강의가 끝난 후 한 수강생이 다가와 말했다.

"선생님, 오늘 강의 정말 좋았습니다. 많은 영감을 받았어요."

그 말을 듣는 순간, 모든 두려움이 사라지더니 자신감이 차올랐다. 그 후로도 많은 사람들에게 나의 경험과 지식을 나누며, 더 큰 성취감을 얻게 되었다.

성공의 경험은 저마다 다르고, 그 크기도 다르다. 크든 작든 성공에 안주하지 않고 지속적으로 성장하려는 노력이 필요하다. 새로운 도전은 우리를 끊임없이 발전시키고, 더 나은 미래를 만들어준다. 그래서 늘 적극적으로 도전해야 한다. 도전 속에서 우리는 성장하고, 더 큰 목표를 이룰 수 있기 때문이다. 그리고 마지막,삶은 도전과 성장을 통해 더욱 풍요롭고 의미 있게 된다는 사실을 잊어선 안 된다. 매 순간 최선을 다하고, 자신의 한계를 넘어서며, 더 큰 목표를 향해 나아가기를 기원한다.

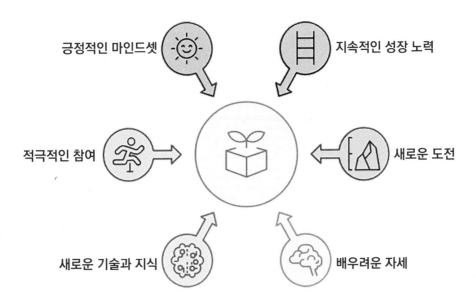

긍정적인 마인드셋

지속적인 성장 노력

적극적인 참여

새로운 도전

새로운 기술과 지식

배우려운 자세

07

AI, 성공을 위한 새로운 도구

해외 구매대행, 스마트스토어 강사, 온라인 쇼핑몰 등을 운영하며 나름 안정적인 길을 걸어가고 있으면서도, 나는 그 속에서 또 다른 발전을 꾀하고 있다. 바로 AI와의 협업이다.

온라인 쇼핑몰은 단순히 상품을 파는 곳이 아니다. 이제는 데이터를 활용하여 고객의 취향을 분석하고, 최적의 상품을 추천하며, 더 나아가 고객이 원하는 것을 예측하는 기술의 장이 되었다. 이 모든 과정을 가능하게 하는 것이 바로 AI다. AI는 방대한 양의 데이터를 분석해 고객의 행동 패턴을 이해하고, 이를 바탕으로 맞춤형 서비스를 제공한다.

AI와 함께 발전하는 온라인 쇼핑몰 이야기를 하려면, 먼저 AI가 우리의 일상에서 얼마나 중요한 역할을 하고 있는지부터 생각해 봐야 한다. 단순히 첨단 기술이라고만 여겼던 AI는 이제 우리 생활의 일부가 되었다. 그동안 우리가 온라인 쇼핑을 하면서 느꼈던 편리함과 신속함, 그리고 정확한 추천 상품들, 이 모든 것이 AI의 힘이다. 그렇다면 이 AI는 온라인 쇼핑몰에서 과연 어떤 역할을 하고 있으며, 앞으로 어떻게 발전하게 될까?

예를 들어보자. 고객이 온라인 쇼핑몰에 접속해 특정 상품을 검색했다고 하자. 이때 AI는 소비자가 검색한 상품뿐만 아니라 이전에 검색했던 이력, 구매했던 상품, 심지어는 소비자가 머물렀던 페이지까지 모두 분석한다. 이를 통해 고객이 관심을 가질 만한 다른 상품들을 추천하게 된다. 이런 추천 시스템은 단순히 관련 상품을 보여주는 것 이상의 의미가 있다. AI는 고객의 기호와 패턴을 학습하여 시간이 지날수록 더욱 정교한 맞춤형 서비스를 제공할 수 있게 된다.

그렇다면 이러한 AI의 발전이 온라인 쇼핑몰 운영에 어떤 영향을 미칠까? 우선, 운영 효율성이 극대화된다. 예전에는 상품 진열이나 재고 관리, 가격 책정 등을 사람이 일일이 관리해야 했지만, 이제는 AI가 이 모든 과정을 자동으로 처리한다. 재고 상황을 실시간으로 파악해 자동으로 주문을 넣고, 고객의 구매 데이터를 분석해 적절한 시점에 가격을 조정한다. 이렇게 하면 비용은 줄어들고, 수익은 늘어나는 긍정적인 효과가 나타난다.

또한 AI는 상품 개발에도 큰 영향을 미친다. 소비자가 어떤 상품을 선호하는지, 어떤 디자인이나 기능을 원하는지를 파악해 이를 바탕으로 새로운 상품을 기획할 수 있다. 이는 단순히 판매 데이터를 분석하는 것에 그치지 않고, 고객의 감정 상태나 트렌드 변화까지 고려한 것이다. 이렇게 하면 고객이 진정으로 원하는 상품을 개발할 수 있어, 경쟁력을 더욱 강화할 수 있다.

온라인 쇼핑몰에서 AI가 하는 일은 여기서 끝이 아니다. AI는 고객 서비스에도 혁신을 불러일으키고 있다. 예전에는 고객이 문제를 겪을 때마다 고객 센터에 전화를 걸거나, 이메일을 보내는 등 불편함이 많았다. 그러나 이제는 AI 챗봇이 24시간 내내 고객의 질문에 답변해 주고, 문제를 해결해 준다. AI는 고객이 자주 묻는 질문들을 미리 학습하여, 빠르고 정확하게 답변할 수 있다. 이로 인해 고객 만족도가 크게 향상되었으며, 기업 입장에서도 빠른 고객 대응과 인건비 절감 등의 효과를 누릴 수 있게 되었다.

앞으로 AI는 성공을 위한 새로운 도구다. 이것을 빨리 캐치하고 받아들이고 배우느냐가 앞으로 미래의 성공을 좌우한다고 확신한다. 기술이 발전함에 따라 AI는 더 많은 데이터를 분석하고,

더 정교한 예측을 하며, 더 개인화된 경험을 제공할 것이다. 예를 들어, 고객이 온라인 쇼핑몰에 접속하기 전에 이미 그가 어떤 상품을 필요로 할지 예측해 추천해 주는 서비스가 가능해질 수도 있다. 아니면 고객이 상품을 고르기 힘들어할 때, AI가 실시간으로 그들의 기분과 상황을 파악해 적절한 조언을 해줄 수도 있을 것이다. 이러한 변화는 온라인 쇼핑몰이 단순히 상품을 판매하는 공간에서 벗어나, 고객의 모든 쇼핑 경험을 책임지는 종합 플랫폼으로 발전하게 할 것이다.

하지만 이 모든 변화에는 한 가지 중요한 요소가 필요하다. 바로 데이터의 윤리적 사용과 보안이다. AI가 고객의 데이터를 분석하고 활용하는 만큼, 이에 대한 신뢰를 얻는 것이 중요하다. 고객의 개인정보가 어떻게 사용되는지, 그 데이터가 안전하게 보호되는지를 투명하게 공개하고, 고객의 동의를 받는 절차가 필수적이다. 그렇지 않으면 AI의 발전이 오히려 고객의 불신을 초래할 수 있기 때문이다.

온라인 쇼핑몰에서 AI의 발전은 이미 시작되었으며, 그 가능성은 무궁무진하다. AI는 더 효율적인 운영, 더 나은 고객 경험, 그리고 더 혁신적인 상품 개발을 가능하게 한다. 앞으로의 AI는 더 인간적이고, 더 개인화된 서비스를 제공하여, 온라인 쇼핑몰을 새로운 차원으로 이끌 것이다. 이러한 변화 속에서 우리는 AI를 도구로 활용해, 고객과 더욱 가까워지고, 그들의 삶을 더욱 풍요롭게 만들 수 있도록 함께 발전해야 한다. 그리고 이 모든 과정에서 가장 중요한 것은, 인간의 가치다. 기술이 아무리 발전해도, 결국 중요한 것은 사람이기 때문이다. AI와 함께하는 미래는 바로 여기에서 시작될 것이다.

PART
2

도전의 불꽃,
성공을 밝히다

- 박배영 -

01

호기심이 길러낸
공학자의 꿈

어릴 적 나의 호기심은 항상 기술과 기계에 향해 있었다. 집에 있는 괘종시계나 탁상시계, 다양한 전자제품들은 항상 내 호기심의 대상이었다. 드라이버를 들고 그 기계들을 분해하고 다시 조립하는 일이 일상이었다. 이처럼 기계와 전자기기들에 대한 탐구심은 시간이 지나면서 자연스럽게 이과 계열로의 진학을 예감하게 했다.

어릴 때는 누구나 그렇듯 자신의 꿈을 이야기하고, 그 꿈을 이루기 위해 노력하는 시기가 있다. 나 역시 그런 시기가 있었다. 중학교 시절, 컴퓨터에 대한 열망이 크게 다가왔다. 어느 날 아버지에게 컴퓨터 관련 일을 하고 싶다고 말씀드렸다. 하지만 아버지는 나의 이러한 꿈을 단호히 반대하셨다.

그 당시 컴퓨터에 대한 이미지는 동네에서 컴퓨터를 고치는 사람, 즉 흔히 볼 수 있는 '용산에서 컴퓨터 파는 아저씨'로 인식되었기 때문이다. 아버지께서는 왜 그런 일을 하려 하느냐며 반대하셨다.

우리 부모님은 늘 내가 목회자가 되기를 바라셨다. 가족 모두 기독교를 믿었기 때문에 어머니의 소원이기도 했다. 나를 임신했을 때, 어머니는 아들을 주시면 주의 종으로 키우겠다고 서원 기도를 드렸다고 한다. 그래서 부모님은 내가 신학대학에 진학하기를 원하셨다. 당시 고등학교는 문과와 이과로 나뉘었었는데 신학대학은 문과였고, 내가 원하는 것은 이과였다. 컴퓨터와 게임에 대한 열정이 컸기 때문이다.

1986년, 중학교 2학년 때, 게임 테이프를 넣어 부팅시키고 게임을 하던 시절이었다. 그 당시 오락실에서 게임을 즐기던 나는 그 재미에 푹 빠져 이과로 진로를 결정해야겠다고 생각했다. 그러나 어머니는 나에게 신학을 공부해야 한다고 하셨고, 그 뜻을 거역할 수 없었던 나는 문과로 고등학교에 진학하게 되었다. 고등학교 3학년 때, 모의고사 성적을 바탕으로 선생님께서 나에게 법대에 진학하는 것을 권유하셨다. 그렇게 나는 컴퓨터에 대한 열망을 뒤로한 채 법대에 진학하게 되었다.

법대에서 공부하면서도 컴퓨터에 대한 열정은 식지 않았다. 90년대 초반, 컴퓨터는 286, 386으로 불리던 시절이었다. 대부분의 사람들이 플로피 디스크를 사용하던 때, 나는 100메가짜리 하드를 들고 다니며 컴퓨터를 부팅시키고 운영체제를 설치해 주었다. 법대 교수님들도 나를 좋아하셨다. 법대에서 공부하면서도 컴퓨터를 다루는 일이 참 재미있었다.

군대를 다녀온 후, 법대는 나의 적성이 아니라는 것을 깨달았다. 법대에서 만난 아내와의 인연을 제외하고는 대학에서의 만족은 없었다. 그래서 다시 나의 진로를 생각하게 되었다. 결국 법대를 졸업한 후, IT 쪽으로 완전히 전향하기로 결심했다. 당시 유명했던 강남역의 쌍용 정보통신 교육원에서 6개월간 공부하며, 프로그램 개발자로 시작하게 되었다. 그렇게 IT에 본격적으로 입문하게 되었고, 이후로 쭉 이 길을 걷게 되었다.

전공자가 아니었기에 겪는 어려움도 많았다. 법대 출신이라는 이유로 전산 업무에 종사하고 싶어도 전공자가 아니라며 실력을 의심받기 일쑤였다. 하지만 시간이 흐를수록 정보 보안 쪽은 법규 준수가 중요한 분야였기에 점차 법대에서 배운 지식이 큰 도움이 되었다.

쌍용 정보통신 교육원에서의 6개월 과정을 마친 후, 취업을 준비하던 중 IMF가 터졌다. 대구에서 조금 머무르다 서울로 취업하기 위해 아내와 함께 올라갔다. 나라가 어려운 시기였지만 다행히도 네트워크 회사에 취업하게 되었다. 마침 첫 직장의 대표가 우리 대학교 선배였다. 물론 같은 과는 아니었지만, 연고가 없던 서울에서 만난 인연이 대학 동문이라는 것만으로도 반가웠다. 그것과는 별개로 내가 원하는 분야에 실력만으로 취업에 성공했다는 사실이 기뻤다.

나는 기술직을 희망했지만, 대표는 나의 커뮤니케이션 능력을 높이 평가하며 기술 영업을 권유했다. 그렇게 기술 영업을 시작하게 되었고, 이는 나의 커리어에 큰 변화를 불러왔다.

첫 회사에서 5년간 근무한 후, 아내의 요청으로 다시 대구로 돌아가게 되었다. 대구에서 대학교 겸임교수로 재직하며 강의를 시작했고, 동시에 보안 전문 회사에 취직하게 되었다. 이렇게 안정적인 일상 속에서 커리어를 차근히 쌓으며 직장생활을 이어 나갔다. 그리고 2010년, 나만의 회사를 차리기로 결심했다.

나의 어린 시절부터 시작된 공학에 대한 열정은 이렇게 나의 인생을 바꾸어 놓았다. 부모님의 기대와 나의 열망 사이에서 갈등도 많았지만, 결국 내가 원하는 길을 찾아 나설 수 있었다. 이러한 경험들은 나에게 큰 교훈을 안겨 주었다. 자신의 열정을 따르는 것이 얼마나 중요한지, 그리고 그 길에서 만나는 어려움들을 어떻게 극복해야 하는지를 몸소 체험하게 되었다.

내가 겪은 이러한 이야기들은 젊은 세대들에게도 큰 도움이 될 것이라 믿는다. 자신의 꿈을 찾아가는 과정은 결코 쉬운 일이 아니지만, 그 길을 걸을 때 비로소 진정한 행복과 성취감을 느낄 수 있을 것이다. 어린 시절의 호기심이 결국 나의 직업이 되고, 나의 삶을 이끌어 주는 원동력이 되었다. 이 글을 읽는 이들이 자신의 꿈을 잊지 않고, 그 꿈을 향해 용기 있게 나아가기를 바란다.

호기심에서 열정으로: 나의 꿈의 직업을 찾기 위한 여정

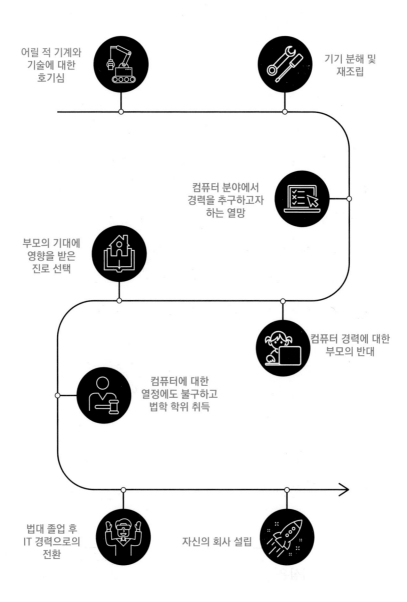

어릴 적 기계와 기술에 대한 호기심

기기 분해 및 재조립

컴퓨터 분야에서 경력을 추구하고자 하는 열망

부모의 기대에 영향을 받은 진로 선택

컴퓨터 경력에 대한 부모의 반대

컴퓨터에 대한 열정에도 불구하고 법학 학위 취득

법대 졸업 후 IT 경력으로의 전환

자신의 회사 설립

AI시대, 꿈의 연금술사

실무 중심 교육으로 미래를 준비하다

2005년, 대구과학대학에서 겸임교수로 재직하게 된 것은 내 커리어에서 중요한 전환점이었다. 경찰 사이버 보안과에서 네트워크와 네트워크 보안을 강의하게 되었다. 이 과정에서 얻은 경험들은 나에게 많은 것을 가르쳐 주었다. 교육 현장에서 학생들과 함께하며 나 또한 배울 수 있었던 소중한 시간들이었다.

대학교 겸임교수로서 첫 강의를 시작할 때, 많은 기대와 함께 약간의 두려움도 있었다. 학생들에게 실무적인 지식을 전달해야 한다는 부담감과 함께, 그들의 호기심을 자극하고 동기를 부여해야 하는 책임감이 컸다. 하지만 이러한 부담감은 곧 학생들과의 소통을 통해 해소될 수 있었다. 또한, 학생들의 눈빛에서 느껴지는 열정과 호기심은 나에게 큰 자극이 되었다.

처음 맡은 과목은 네트워크와 네트워크 보안이었다. 이론적인 지식과 함께 실무적인 경험을 결합하여 강의를 구성했다. 학생들이 단순히 책상 앞에서 이론만 배우는 것이 아니라, 실제 현장에서 활용할 수 있는 기술들을 익히게 하는 것이 목표였다. 이를 위해 실습 시간에는 다양한 장비와 소프트웨어를 사용해 직접 네트워크를 구성하고 보안을 설정하는 과정을 진행했다. 이러한 실습은 학생들이 실무에 바로 적용할 수 있는 능력을 기르는 데 큰 도움이 되었다.

경찰 사이버 보안과는 그 당시 신설된 학과였다. 전자과 교수님들이 전공을 넘어 새로운 분야로 확장해 나가고자 하는 열정이 있었지만, 현실적인 어려움도 많았다. 기존의 전자과 수업 방식에서 벗어나야 했고, 새로운 커리큘럼을 구성해야 했다. 이 과정에서 나는 교수님들과 함께 커리큘럼을 재정비하고, 실무 중심의 교육 방식을 도입하기 위해 노력했다. 학생들이 졸업 후 실제 현장에서 필요로 하는 능력을 갖출 수 있도록 돕는 것이 우리의 최우선 과제였다.

하지만 이러한 변화는 항상 순조롭지만은 않았다. 어디든 마찬가지겠지만, 옛것을 고집하는 사람들이 있다. 대학에서도 일부 교수님들은 여전히 전통적인 전자과 커리큘럼을 고수하려 했고, 이는 보안과와의 협력에 어려움을 초래했다. 그러나 나는 학생들을 위해서라면 어떠한 어려움도 극복해야 한다고 생각했다. 결국, 실무 중심의 커리큘럼을 도입하는 데 성공했고, 이는 학생들의 취업률 증가로 이어졌다.

학생들에게 실무적인 경험을 제공하기 위해 산업체와의 협력도 중요했다. 현업에서 활동하는 전문가들을 초빙해 특강을 열고, 학생들이 실제 프로젝트를 경험할 수 있도록 했다. 이를 통해 학생들은 교실에서 배운 이론을 실제로 적용해 보는 기회를 가질 수 있었다. 또한, 인턴십 프로그램을 통해 학생들이 졸업 전에 현장에서 일할 수 있는 기회를 제공했다. 이러한 경험들은 학생들에게 큰 자신감을 심어주었고, 졸업 후 취업 시장에서 경쟁력을 갖출 수 있게 했다.

교수로 재직하며 느낀 가장 큰 보람은 학생들이 성장하는 모습을 지켜볼 수 있다는 점이었다. 처음에는 기초적인 지식조차 부족했던 학생들이 점점 자신감을 얻고, 실무 능력을 갖추어 나가는 과정을 보는 것은 큰 기쁨이었다. 특히, 졸업 후 현업에서 성공적으로 일하고 있는 제자들을 만날 때마다 가슴이 벅차올랐다. 그들의 성공이 곧 나의 보람이었다.

교육은 단순히 지식을 전달하는 것이 아니라, 학생들의 미래를 함께 준비하는 일임을 잊지 말아야 한다. 학생들의 열정과 호기심을 자극하고, 그들이 실무 능력을 갖출 수 있도록 돕는 것이 진정한 교육의 목표임을 명심해야 한다.

　　겸임교수로 재직하는 동안, 스스로도 많은 성장을 이루었다. 학생들을 가르치며 나 역시 새로운 지식을 습득하고, 실무 능력을 향상시킬 수 있었다. 특히, 빠르게 변화하는 IT기술에 발맞추기 위해 끊임없이 공부하고 연구해야 했다. 이러한 노력들은 나의 커리어에 큰 자산이 되었다.

　　학생들과의 소통을 통해 많은 것을 배울 수 있었고, 그들의 열정과 호기심은 나에게 큰 자극이 되었다. 이를 계기로 나는 학생들을 위한 교육이란 단순히 지식을 전달하는 것이 아니라, 그들의 미래를 함께 준비하는 것임을 깨닫게 되었다.

03

새로운 가치를
창출하기 위한 결단

　40대에 안정적인 직장과 대학 강의를 그만두고 창업을 결심한 것은 내 인생에서 가장 큰 도전이자 전환점이었다. 안정적인 직장 생활과 대학 강의는 분명 매력적이고 안정적인 길이었다. 그러나 내면 깊숙이 자리 잡은 열정과 꿈을 실현하기 위해서는 새로운 도전이 필요했다. 물론, 안정된 삶의 궤도를 벗어나 새로운 도전을 선택하고자 했을 때는 두려웠다. 지금의 40대 직장인들도 마찬가지일 것이다. 이러한 고민은 늘 세대마다 반복되고 있을지도 모른다.

　우리는 익숙한 것을 벗어나는 것이 얼마나 어려운지 알고 있다. 마치 겨울에 누추한 옷이라도 입고 있다가 벗으면 추위가 몰려오는 것처럼, 안정적인 직장을 떠나면 불확실성이 몰려온다. 하지만 이러한 어려움에도 불구하고, 우리는 가끔 자신을 극복할 만한 결단을 내려야 한다.

당시 40대였을 때는 열정과 패기가 있었지만, 시간이 지남에 따라 도전이 더 어려워지는 것을 느낀다. 내가 아는 청년 중에 전자과를 다니는 경북대학생이 있었다. 그 젊은 청년은 본인의 전공을 포기하고 공무원 시험을 준비하겠다고 해서 내가 반대했던 적이 있다. 당시 공무원이 인기가 좋았지만, 개인적으로 젊은 세대가 산업을 이끄는 직업을 선택하는 것이 더 바람직하다고 생각했다. 젊을수록 안정보다는 꿈과 열정을 가지고 도전해야 한다고 생각했기 때문이다.

이전에도 지금도 나는 늘 강의에서 젊은이들에게 꿈을 꾸고 도전하라고 권한다. 배우 박신양이 "자기가 정말 하고 싶은 걸 해서 굶어 죽은 사람은 없습니다."라는 말을 했었는데, 매우 공감한다. 나 역시 법대를 졸업하고 IT분야를 선택하면서 '하고 싶은 일을 하면서, 굶어 죽을 것 같지 않다.'는 자신감이 있었다. 다행히 아내가 공무원이라 안전장치가 있었지만, 그렇지 않았더라도 나는 회사를 그만두었을 것이다.

서울에서 네트워크 회사에 처음 취업했을 때, 대구로 돌아와

AI시대, 꿈의 연금술사

서 대학 겸임교수로 재직하게 되었을 때도 나는 늘 도전을 통해 성장하고 있었다. 좋아하는 일을 통해 커리어를 쌓고 안정적인 위치에 올랐을 때도 나는 그 이상의 도전과 성장을 원했다. 특히, 내가 가진 기술과 경험을 바탕으로 새로운 가치를 창출하고 싶다는 생각이 점점 커졌다. 결국, 이러한 생각들은 창업이라는 결과로 이어졌다.

창업을 결심하게 된 데에는 몇 가지 주요 이유가 있었다. 첫째, 내 능력과 경험을 최대한 발휘할 수 있는 기회를 찾고 싶었다. 안정적인 직장에서는 주어진 역할만 수행하면 되었지만, 창업은 내 모든 역량을 총동원해야 하는 일이었다. 둘째, 나만의 비전을 실현하고 싶었다. 정보 보안 분야에서 쌓은 경험을 바탕으로 새로운 서비스를 제공하고, 이를 통해 사회에 기여하고자 했다. 셋째, 나의 꿈을 실현하고 싶었다. 어릴 적부터 꿈꿔왔던 IT분야에서의 성

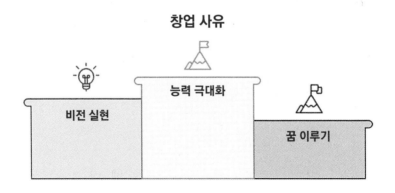

창업 사유

비전 실현 / 능력 극대화 / 꿈 이루기

장을 위해서는 창업이라는 도전이 필요했다.

창업 초기에는 많은 어려움이 있었다. 안정적인 수입이 사라지고, 매일 불확실성과 싸워야 했다. 하지만 이러한 어려움들은 오히려 나에게 큰 동기부여가 되었다. 새로운 도전을 통해 매일 성장하는 느낌은 그 어느 때보다 강렬했다.

회사를 설립한 후, 고객들에게 신뢰를 얻고, 점점 더 많은 프로젝트를 수주하게 되면서 회사는 서서히 안정궤도에 올랐다. 특히, 정보 보안 분야에서 나의 경험과 지식을 활용하여 고객들에게 맞춤형 솔루션을 제공하는 과정은 큰 보람을 주었다.

창업을 통해 얻은 큰 교훈 중 하나는 끊임없이 배우고 도전하는 자세가 중요하다는 것이다. 안정적인 직장에서는 매일 반복되는 업무에 안주하기 쉽지만, 창업은 매 순간 새로운 도전의 연속이다. 이러한 도전들은 나를 더욱 강하게 만들었고, 나의 역량을 한층 더 높여 주었다. 또한, 창업을 통해 새로운 가치를 창출하고, 이를 통해 사회에 기여할 수 있다는 점에서도 큰 보람을 느꼈다.

이 글을 통해 안정적인 직장생활에 만족하지 않고 새로운 도전을 꿈꾸는 이들에게 용기를 주고 싶다. 안정적인 삶도 물론 중요하지만, 자신의 꿈과 열정을 실현하기 위해서는 때로는 모험이 필요하다. 불확실성과 어려움 속에서도 끊임없이 배우고 도전하는 자세를 갖추어야 한다. 창업은 많은 도전과 희생을 요구하지만, 그 과정에서 얻는 성취감과 보람은 그 어떤 것과도 비교할 수 없다.

마지막으로, 창업을 결심하게 된 또 다른 중요한 이유는 가족의 지지였다. 아내는 내가 새로운 도전을 할 수 있도록 항상 옆에서 힘이 되어주었다. 그녀의 지지와 격려는 나에게 큰 힘이 되었고, 어려운 순간마다 나를 일으켜 세워주었다. 가족의 지지가 없었다면 이 모든 도전은 불가능했을 것이다.

현재도 안정적인 직장에 만족하지 않고 새로운 도전을 꿈꾸는 이들에게 말해 주고 싶다. 자신의 꿈과 열정을 실현하기 위해서는 때로는 모험이 필요하며, 그 과정에서 얻는 성취감과 보람은 그 어떤 것과도 비교할 수 없다는 사실을. 그렇게 끊임없이 배우고 도전하는 자세로, 자신의 꿈을 향해 용기 있게 나아가기를 바란다.

04

젊음, 미래를 여는 열쇠

오늘날 젊은 세대에게는 많은 도전과 기회가 공존하고 있다. 빠르게 변화하는 세상 속에서 자신만의 길을 찾고, 목표를 향해 나아가는 것은 쉽지 않은 일이다. 하지만 자신이 진정으로 원하는 것을 찾고, 그 길을 향해 용기 있게 나아간다면 반드시 성공할 수 있다고 믿는다.

물론 자신이 무엇을 하고 싶은지 모르는 사람도 많다. 그런 경우, 나는 내 이야기를 들려준다. 나는 대학 시절 특별한 목표 없이 좋아하는 것을 쫓았고, 직장 초반에도 꿈 없이 일했다. 그러나 좋아하는 일을 하다 보니 꿈이 생겼고, 그 꿈을 이루기 위해 노력하게 되었다.

'현재의 직장에서 만족하고 있지만, 미래에 대한 불안감이 있다.'
'미래를 위해 무언가를 해야 하는데, 뭘 해야 하는지 모르겠다.'

지금 젊은 세대 중에서 분명 위와 같은 고민을 하는 사람이 있을 것이다. 그들에게 나는 "자신의 꿈을 먼저 찾아보라!"라고 말하고 싶다. 막연히 꿈을 좇으라는 의미가 아니다. 자신의 꿈을 발견하기 위해서는 다양한 경험을 쌓고, 여러 가지 도전을 해보는 것이 중요하다.

처음에는 무엇을 해야 할지 모를 수 있지만, 점차 자신이 잘하는 것과 하고 싶은 것을 발견하게 될 것이다. 자신의 꿈을 발견하고, 그 꿈을 향해 나아가는 과정에서 자신의 능력을 깨닫는 순간이 온다. 중요한 것은 자신을 믿고, 잘할 수 있는 일을 찾아가야 한다. 그렇게 하기 위해서는 몇 가지 실천해야 할 사항이 있다.

첫째, 자신의 열정을 찾는 것이 중요하다. 나는 어릴 때부터 전자기기와 컴퓨터에 대한 호기심이 많았고, 이는 진로를 결정하는 데 큰 영향을 미쳤다. 자신이 좋아하는 일을 찾는 것이야말로 가장 큰 동기부여가 된다. 좋아하는 일을 하면 지치지 않고, 끊임없이 도전할 수 있는 힘이 생긴다. 무엇이든지 좋아하는 것에서 시작해 보길 바란다. 작은 관심사라도 그것이 나중에 큰 열정으로 발전할 수 있다.

둘째, 실패를 두려워하지 말아야 한다. 법대를 졸업하고 IT분야로 전향하면서 많은 어려움이 있었다. 하지만 실패를 두려워하지 않고, 끊임없이 도전했다. 실패는 성공으로 가는 과정의 일부일 뿐이다. 실패를 통해 배우고, 더 나은 방향으로 나아갈 수 있는 기회로 삼아야 한다. 실패를 두려워하지 않고 도전하는 용기가 중요하다.

셋째, 끊임없이 배우고 성장해야 한다. 세상은 빠르게 변화하고 있으며, 새로운 기술과 지식이 끊임없이 등장하고 있다. 나는 대학에서 법학을 전공했지만, IT분야에서 성공하기 위해 끊임없이 공부하고 배웠다. 새로운 것을 배우는 것은 언제나 두려운 일이지만, 그 두려움을 극복하고 나면 더 큰 성취감을 느낄 수 있다.

넷째, 사람들과의 관계는 매우 중요하다. 네트워크 회사에서 기술 영업을 하면서 다양한 사람들을 만났고, 이들과의 관계는 훗날 나의 커리어에 큰 도움이 되었다. 동료, 선배, 후배와의 관계를 소중히 여기고, 서로에게 도움이 되는 관계를 구축해 두는 것이다. 이를 통해 다양한 기회와 도움을 받을 수 있다.

다섯째, 목표를 설정하고 계획을 세워라. 명확한 목표가 있을 때, 그 목표를 향해 나아가는 과정에서 동기부여가 된다. 내가 처음 창업을 결심했을 때도 명확한 목표가 있었기 때문에 어려움 속에서도 포기하지 않고 나아갈 수 있었다. 목표를 설정하고, 이를 달성하기 위한 구체적인 계획을 세우는 것. 그것이야말로 목표를 현실로 만드는 첫걸음이다.

05

열정과 도전으로 빛나는 내일

　20대 법학과에서 컴퓨터 보안 업무로의 전환과 40대에 안정된 직장을 그만두고 회사를 창립하게 된 것은 나에게 많은 도전과 기회를 제공했다. 20대와 40대 두 번의 변화와 도전에서 조금 더 어려운 선택을 꼽자면 아무래도 40대 시기였다.

　'현재 직장에 만족하지만 더 이상 발전이 없고 비전이 보이지 않아.'
　40대 중에서도 혼자가 아닌, 가장인 경우. 결혼하고 아이도 있는 상태에서도 위와 같은 고민을 하는 경우가 많다. 그럼 나는 먼저 "자신을 객관화하고 준비하라!"고 조언하고 싶다. 당장 회사를 그만두지 말고, 현재 경력과 관련된 자격증이나 라이센스를 준비해 보라는 것이다.

나는 회사에 다니면서 보안과 관련된 자격증을 취득했고, ISO 심사원 자격증을 통해 나 자신을 객관적으로 증명할 수 있는 준비를 했다. 이러한 준비는 미래에 대한 불확실성을 줄이고, 새로운 도전에 대한 자신감을 높여 주었다.

한 예로, 대전에 있는 제약회사의 이사와 이야기를 나눈 적이 있다. 회사 이사이다 보니 고액 연봉을 받고 있었는데, 그럼에도 미래에 대한 불안감으로 고민하고 있었다. 그래서 이사에게 의료 관련 경력을 활용할 수 있는 심사원 자격증을 추천했다. 하지만 그분은 실행하지 않았다. 이사와 대화를 하다 보니 본인의 경력이 별거 아니라는 식으로 생각하고 있다는 걸 느낄 수 있었다. 이렇 듯 많은 사람들이 자신을 과소평가하고, 자신의 경력을 활용하지 못하는 경우가 많다.

행동으로 옮기지 않으면 변화는 일어나지 않는다. 앞으로의 시대는 도메인 특화된 전문가의 시대가 올 것이다. 자신의 경력과 노하우를 특화시켜, 그에 맞는 자격증을 취득하고, 자신을 객관적으로 증명하는 것이 중요한 시대가 된다는 의미다. 그러한 변화를 감지하다 보니 나 역시 현재에 머무르지 않고, ISO 심사원 준비를 위해 과감하게 투자하고, 인공지능 분야 석사 과정을 준비하며 꿈을 향해 나아가고 있다. 꿈이 있는 사람들은 힘들어도 계속

도전하고, 스스로를 발전시킨다. 이때 자기 자신을 믿고, 행동으로 옮기는 것이 중요하다.

현재 직장에서 더 이상 발전이 없고 비전이 보이지 않는다면, 당장 회사를 그만두기보다 자신을 객관화하고, 자격증이나 라이센스를 통해 자신을 증명할 수 있는 준비를 하라고 조언하고 싶다. 본인의 경력과 노하우를 특화시켜, 더 나은 미래를 만들어 나갈 수 있을 것이다.

한 가지 예를 더 들면, 내가 어릴 적 졸업한 초등학교와 중학교가 있는데, 현재 초등학교와 중학교 모두 폐교되었다. 초등학교 때 동기는 30명이고, 중학교 동창은 다 해봤자 100명밖에 안 된다. 그 친구들을 지금도 만나는데, 한 길을 팠던 친구들, 즉 농사를 짓든, 농기구를 수리하든, 뭘 팔든 간에 이때까지 한길을 팠던 친구들은 전부 다 그 분야의 전문가가 되어있었다. 자격증이 있든 없든 전문가가 된 것이다. 물론 그걸 어떠한 자격증으로 연결했던 사람들은 지금 더 부각을 드러내어 자신의 역량을 발휘하며 살고 있다. 그러나 자격증도 없이 그저 이리저리 헤매던 사람들은 그렇지 못하다.

이건 현실이다. 직장인도 마찬가지다. 그래서 최소한 정년이 얼마 남지 않은 상태에서 회사를 그만두려는 사람이라면, 지금 껏 해온 부분에 관련된 자격증이라도 취득하고 퇴직하라고 권유한다. 이를 실천하기 위해서는 다음과 같은 내용을 알아두면 좋겠다.

첫째, 자신의 능력을 과소평가하지 마라. 종종 자신이 부족하다고 느낄 때가 있다. 하지만 자신의 능력을 믿고, 그것을 발전시키는 것이 중요하다. 나 역시 법대를 졸업하고 IT분야에서 일할 때, 비전공자로서의 한계를 느낄 때가 많았다. 부족하지만 내 능력을 믿고 끊임없이 노력한 결과, 많은 성과를 이룰 수 있었다. 자신을 믿고, 꾸준히 노력하면 불가능한 일은 없다.

둘째, 자기 계발에 투자하라. 자격증을 취득하거나 새로운 기술을 배우는 것은 자신의 가치를 높이는 일이다. 그동안 정보 보안 분야에서 일하면서 다양한 자격증을 취득했고, 이는 나의 경력을 발전시키는 데 큰 도움이 되었다. 자기 계발에 투자하는 것은 결코 헛된 일이 아니다. 그것이 미래의 자신을 위한 가장 큰 투자임을 잊지 말아야 한다.

셋째, 끊임없이 도전하는 자세를 유지하라. 안정적인 직장과 대학교수를 그만두고 창업을 결심한 것도 새로운 도전을 위해서였다. 새로운 도전은 항상 두렵고 어려운 일이다. 하지만 그 도전 속에서 성장하고 발전할 수 있다. 끊임없이 도전하는 자세를 유지하고, 새로운 기회를 찾아 나가길 바란다.

마지막으로, 가족과 주변 사람들의 지지를 소중히 여겨라. 새로운 도전을 할 수 있었던 큰 이유 중 하나는 가족의 지지였다. 아내의 지지와 격려는 어려운 순간마다 큰 힘이 되었다. 가족과 주변 사람들의 지지를 소중히 여기고, 그들과 함께 성장해 나가길 바란다.

이 글을 통해 자신이 진정으로 원하는 것을 찾고, 그 길을 향해 용기 있게 나아가길 바란다. 끊임없이 배우고 도전하는 자세를 유지하며, 어떤 어려움이 있더라도 포기하지 말고, 자신의 열정을 따라 나아가라. 그 길 끝에 반드시 성공이 있을 것이다.

개인 및 직업 성장의 길

06

국제 표준을 통해 경쟁력을 높이다

ISO(국제표준화기구) 심사원으로 활동한 경험은 나의 커리어와 개인적 성장에 큰 영향을 미쳤다. 처음 ISO 심사원 자격증을 취득하려고 결심했을 때, 나에게는 큰 도전이었다. 머지않아 자격증 취득 후 많은 기회가 기다리고 있었음을 알게 되었다. 이 글에서는 ISO 심사원이 되기까지의 과정과 활동하면서 얻은 경험들을 나누고자 한다.

ISO 심사원 자격증을 취득하게 된 계기는 정보 보안 분야에서의 전문성을 더욱 강화하고 싶다는 생각에서였다. 정보 보안은 법적 규제와 밀접하게 연관되어 있어, ISO와 같은 국제 표준을 준수하는 것이 중요했다. 이러한 표준을 제대로 이해하고, 기업들이 이를 준수하도록 돕기 위해 ISO 심사원 자격증을 취득하는 것이 필요하다고 판단했다.

ISO 심사원이 되는 과정은 누구에게나 열려 있는 도전의 기회다. 다양한 배경을 가진 사람들이 참여할 수 있다. 한국에서는 기본적으로 4년제 학위가 요구된다고 알려져 있지만, 이는 법적인 요구사항은 아니다. 특정한 학력 제한이 없으며, 자신이 전문가라면 누구든지 지원할 수 있다. 해외에서는 학력 제한이 없는 경우가 많으며, 국내에서도 학력보다는 분야에서의 전문성을 중요하게 여긴다.

ISO 심사원 자격을 취득하는 과정은 다음과 같다.

자격 요건 확인:
기본적으로 ISO 심사원이 되기 위해서는 관련 분야의 전문성이 필요하다. 예를 들어, 보안, 인공지능, 식품, 의료기기 등 특정 분야에서는 관련 경력(통상 2~4년)과 지식이 요구된다. 이러한 요구 사항은 4년제 학위와 몇 년간의 실무 경험 등으로 구체화할 수 있다.

교육 기관 선택:
ISO 심사원 교육을 제공하는 공식 연수기관이 있다. 이러한

기관에서는 심사원 자격증을 취득하기 위한 교육 과정을 제공한다. 국내에서도 다양한 연수기관이 있으며, 이곳에서 교육을 이수할 수 있다.

교육 과정 이수:

공식 연수 기관에서 제공하는 ISO 심사원 교육 과정을 이수한다. 교육 과정에서는 표준에 대한 이론적인 지식과 실무적인 기술을 습득할 수 있다.

심사원 보조 활동:

교육을 이수한 후에는 심사원 보조(심사원보)로 활동하게 된다. 이 단계에서 실제 심사에 참관하고 경험을 쌓게 되는 것이다. 보통 10번에서 20번 정도의 참관을 통해 실무 경험을 쌓는다.

정식 심사원 자격 취득:

ISO.ORG 웹사이트나 한국의 연수기관에서 제공하는 교육 과정을 통해 필요한 지식을 습득하고, 충분한 실무 경험을 쌓은 후에는 정식 심사원 자격을 취득할 수 있다. 이 자격을 통해 독립적으로 심사를 수행할 수 있게 된다.

ISO 심사원이 되는 과정에서 가장 중요한 것은 꾸준한 노력과 학습이다. 심사원 자격을 취득한 후에는 프리랜서로 활동하거나, 특정 기관에 소속되어 심사를 수행할 수 있다. 또한, 내부 심사원으로서 조직 내에서 내부 심사를 담당할 수도 있다.

ISO 심사원 자격 취득 과정

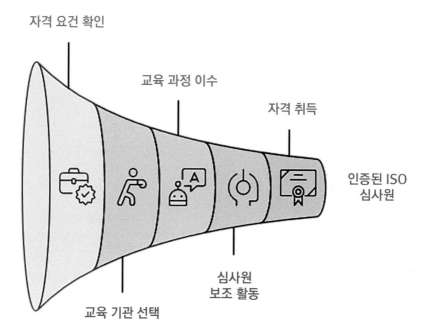

ISO 심사원 자격을 취득하는 과정은 그리 어렵지 않다. 누구나 도전할 수 있으며, 자신의 전문 분야에서 충분히 성공할 수 있다. 따라서, 미래에 대한 불안감을 느끼는 사람들에게는 ISO 심사원 자격을 취득하는 것이 좋은 선택이 될 수 있다고 말해주고 싶다.

ISO 심사 영역은 약 800개 종류로 나뉘어 있으며, 문과 출신도 충분히 도전할 수 있는 분야가 많다. 예를 들어, 식품, 의료기기, 보안, 인공지능 등은 특별한 경력과 전문 지식이 요구되지만, 반부패나 준법 경영 같은 분야는 누구나 접근할 수 있다. 이러한 분야는 일상생활과 밀접하게 관련되어 있어, 전문가가 아니더라도 충분히 도전해 볼만하다.

내가 ISO(국제표준화기구) 심사원 자격증을 취득하게 된 계기는 정보 보안 분야에서의 전문성을 더욱 강화하고 싶다는 생각에서 시작되었다. 정보 보안은 법적 규제와 밀접하게 연관되어 있어, ISO와 같은 국제 표준을 준수하는 것이 중요했다. 이러한 표준을 제대로 이해하고, 기업들이 이를 준수하도록 돕기 위해 ISO 심사원 자격증을 취득하는 것이 필요하다고 판단했다.

심사 과정에서 가장 중요한 것은 객관성과 공정성을 유지하는 데에 있다. 기업의 정보 보안 관리 체계가 표준을 충족하는지 평가하면서도, 개선이 필요한 부분에 대해 구체적이고 실질적인 조언을 제공해야 한다. 이는 단순히 표준을 준수하는 것 이상으로, 기업이 실제로 정보 보안을 강화할 수 있도록 돕는 역할을 한다.

또한, 심사 활동을 통해 다양한 기업과 산업 분야를 접할 수 있다. 대기업부터 중소기업, 공공기관에 이르기까지 다양한 조직에서 정보 보안 관리 체계를 평가하며 많은 것을 배울 수 있었다. 각기 다른 환경과 상황에서 어떻게 정보 보안을 관리하고 있는지를 비교하고 분석하는 과정은 매우 흥미로운 일이었다. 이를 통해 얻은 지식과 경험은 나의 전문성을 한층 더 높여 주었다.

정보 보안 분야는 빠르게 변화하는 분야이기 때문에, 최신 기술과 표준에 대한 이해를 계속해서 업데이트해야 한다. 심사원으로 활동하면서도 끊임없이 공부하고, 관련 세미나와 워크숍에 참여하여 최신 정보를 습득하는 것이 중요했다. 덕분에 ISO 심사원 자격증은 단순히 자격증을 넘어, 나의 커리어에 큰 자산이 되었다. 정보 보안 분야에서의 신뢰성과 전문성을 증명할 수 있는 중요한 도구로 작용했다.

ISO 심사원으로서의 경험은 나에게 많은 도전과 보람을 안겨 주었다. 다양한 기업과의 협력을 통해 정보 보안 관리 체계를 강화하고, 기업의 경쟁력을 높이는 데 기여할 수 있었다. 특히, 심사 과정에서 만난 사람들과의 소통을 통해 많은 것을 배우게 되었다. 각기 다른 배경과 경험을 가진 사람들과의 협업은 나의 시야를 넓혀주었다.

마지막으로, ISO 심사원 자격 취득 과정은 누구나 도전할 수 있으며, 다양한 분야에서 활용될 수 있다는 것을 강조하고 싶다. 이를 통해 자신의 경력을 발전시키고, 더 나은 미래를 만들어 나갈 수 있기 때문이다. 지금 미래에 대해 고민하고 있는 있는 이들에게 도움이 되는 방법의 하나라고 생각한다. 자신이 관심 있는 분야에서 전문가의 자격을 갖추고, 그 분야에서의 활동을 통해 더 큰 성취를 이룰 수 있기 때문이다.

짧지만 이 글을 통해 ISO 심사원으로서의 경험과 교훈을 나눌 수 있어 기쁘다. 이 글이 ISO 심사원을 몰랐던 사람들에게 또 다른 꿈을 꿀 수 있는 작은 도움이 되었으면 좋겠다. 미래를 위해 끊임없이 배우고 성장하며, 자신의 전문성을 발전시켜 나가길 바란다.

07

AI 시대를 맞이하는
우리의 자세

AI 시대가 도래하면서 우리는 새로운 도전에 직면하게 되었다. 빠르게 변화하는 기술 환경 속에서 살아남기 위해서는 AI에 대한 깊은 이해와 준비가 필요하다.

나 역시 AI와 빅데이터 관련된 산업에 대한 이해를 높이기 위해 서울종합과학대학원 AI 석사 과정에 입학했다. AI 시대에 대비하는 것은 단순히 기술을 배우는 것을 넘어서, AI와의 상호작용을 통해 새로운 기회를 창출하는 과정이라고 생각했기 때문이다.

AI 시대를 대비하는 가장 첫 단계는 AI와의 친밀감을 높이는 것이다. 날이 갈수록 AI는 진화한다. 지금 시대에도 AI는 단순히 도구가 아니라, 우리의 생활과 밀접하게 연관된 존재가 되었다. 아직도 나와 먼 이야기라 여기며 회피하고 있는 사람이 있다면, 꼭 마주하라고 이야기해 주고 싶다. AI와의 대화를 통해 AI의 잠재력을 탐구하고, 이를 활용하는 방법을 익혀가야 한다. AI와의 대화를 통해 AI의 기능과 가능성을 이해하는 첫걸음을 떼어야 한다는 것이다.

AI와 친해지기 위한 방법은 다양하다. 예를 들어, AI가 적용된 제품을 사용해 보거나, AI와 대화하는 경험을 쌓는 것이 좋다. 자율 운행 자동차, 인공지능 비서 등 AI가 적용된 다양한 제품을 사용하면서 AI의 기능과 가능성을 체험해 보는 것이다. 이를 통해 AI와의 상호작용을 자연스럽게 익히고, AI에 대한 이해를 높일 수 있다.

AI 시대를 대비하는 또 다른 방법은 AI와 관련된 교육을 이수하는 것이다. AI는 다양한 분야에서 활용될 수 있으며, 이를 제대로 이해하기 위해서는 관련 지식을 습득하는 것이 필요하다. AI와 관련된 온라인 강의나 교육 프로그램을 통해 AI의 기본 원리와 응용 방법을 배우는 것도 방법이다.

AI와의 협력도 중요하다. AI는 인간의 능력을 확장시키는 도구로서, 우리의 삶을 더 편리하고 효율적으로 만들어줄 수 있다. 사용자의 필요에 의해 AI와 협력하여 더 나은 결과를 도출할 방법을 모색해야 한다. 이를 위해 AI의 강점을 이해하고, 이를 활용하는 방법을 익히는 것이 필요하다.

또한 AI에 대한 두려움을 극복해야 한다. 급격한 변화로 많은 사람들이 AI에 대한 막연한 두려움을 가지고 있다. 하지만 변화는 우리가 거부한다고 오지 않는 것이 아니다. 그렇기에 이러한 두려움을 극복하고 AI와 친해지는 것이 중요하다. AI가 우리의 삶을 더 나은 방향으로 이끌어 줄 수 있는 도구라고 생각하면서 가볍게 다가가자.

마지막으로, AI 시대는 우리에게 많은 도전과 기회를 제공한다. AI 시대를 대비하는 것은 AI와의 친밀감을 높이고, 이를 통해 새로운 기회를 창출하는 과정이다. AI는 매우 흥미롭고 잠재력이 큰 분야다. AI와의 대화를 통해 AI의 기능과 가능성을 이해하고, 호기심을 바탕으로 끊임없이 질문하다 보면, 새로운 것을 발견하는 과정에서 AI 시대에 필요한 역량을 갖출 수 있다. 이를 잘 준비하고 대비한다면, AI를 활용하여 더 나은 미래를 만들어 나갈 수 있을 것이다.

AI 시대를 대비하는 방법은?

AI와의 친말감 높이기

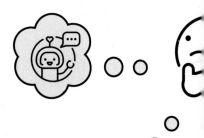

AI와 상호작용하고,
AI 제품을 사용하며,
AI 관련 교육을 이수하라.

AI와 협력하기

AI의 강점을 파악하고,
이를 활용하는 방법을 배우며,
AI와 함께 일할 방법을 모색하라.

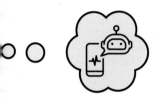

AI에 대한 두려움 극복하기

AI에 대해 교육받고,
잠재력을 이해하며,
AI를 발전을 위한 도구로 본다.

AI를 기회로 받아들이기

AI에 대한 호기심을 키우고,
그 능력을 탐구하며, 새로운
가능성의 관문으로 여긴다.

PART
3

삶을 바꾸는
책 쓰기의 마법

- 양현진 -

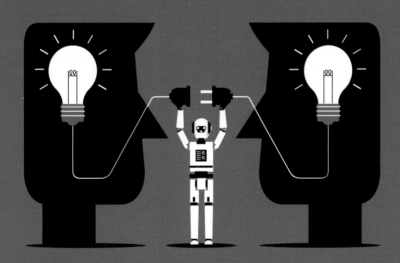

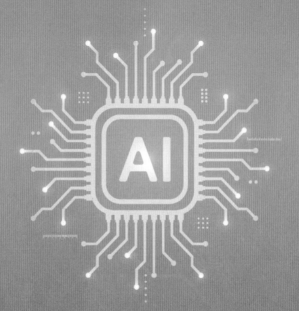

01

점들을 연결하며 그려진 나의 이야기

스티브 잡스는 스탠퍼드 대학교 졸업식에서 "점들을 연결하는 것"의 중요성에 대해 이야기했다. 그는 대학을 자퇴한 후, 서체 수업 등 자신이 관심 있는 수업을 자유롭게 들으며 당시에는 의미 없어 보였던 경험들이 훗날 매킨토시를 디자인할 때 중요한 역할을 했다고 말했다.

잡스는 미래를 내다보며 점들을 연결하는 것은 불가능하지만, 과거를 돌아보면 모든 점들이 의미 있게 연결된다는 사실을 깨닫게 된다고 강조했다. 그는 자신의 직감이나 운명을 믿고 나아가는 것이 중요하다고 조언했다.

나 역시 인생의 여정을 통해 이러한 점들을 하나씩 연결하며 지금의 나를 만들어왔다. 각각의 점들은 개별적으로는 관련이 없어 보일 수 있지만, 결국 이 점들이 모여 나를 형성하고 있었다.

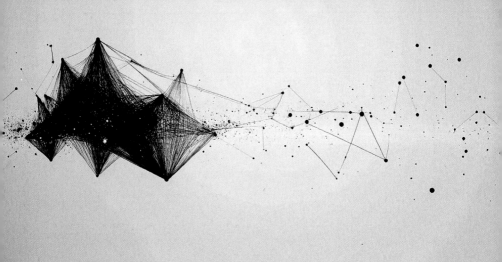

좋은 아빠가 되기 위한 첫걸음

아이가 태어난 순간, 나는 새로운 책임감과 함께 아빠의 역할을 제대로 해내고 싶다는 열망을 품었다. 아이의 탄생은 나에게 새로운 세상을 열어주었고, 나는 이 소중한 순간들을 잘 기록하고 싶었다. 그래서 《아빠 육아 공부》라는 책을 출간하기로 결심했다.

이 책을 통해 아이와의 유대감을 형성하고, 함께 성장하는 방법을 배우고자 했다. 육아는 단순히 아이를 돌보는 것을 넘어, 아이와 함께하는 모든 순간이 중요한 교육의 시간임을 깨달았다. 아이와의 소중한 시간을 통해 얻은 경험과 깨달음을 다른 아빠들과 나누고, 그들 또한 아빠의 역할을 충실히 해낼 수 있도록 돕고 싶었다.

AI시대, 꿈의 연금술사

《아빠 육아 공부》는 단순한 육아 방법을 전달하는 것을 넘어, 아빠의 감정과 고민을 솔직하게 담아내고자 했다. 많은 아빠가 느끼는 부담감과 고민을 함께 나누며, 아빠 역할을 더 잘 해낼 수 있는 방법들을 탐구했다. 또한, 아이와의 유대감을 쌓아가는 과정에서 겪은 소소한 행복감과 성취감, 때때로 마주하는 어려움까지도 솔직히 담아냈다. 이 책은 나 자신을 돌아보게 했고, 다른 아빠들과도 소통하고 공감할 수 있길 바랐다.

일과 삶의 균형을 찾아서

아빠로서 역할을 충실히 수행하면서도 직장인으로서의 책임을 다하기 위해서는 일과 삶의 균형이 매우 중요했다. 이 균형을 찾기 위해 나는 많은 고민의 시간을 가졌다. 이를 바탕으로 《일과 삶의 온도》를 집필하게 되었다. 이 책은 워라밸(Work-Life Balance)을 유지하기 위한 다양한 방법과 실제 사례를 통해 독자들에게 실질적인 도움을 주고자 했다. 직장에서의 효율성과 가정에서의 행복을 동시에 추구하는 방법을 연구하며, 나 자신도 많은 것을 배웠다.

이 과정에서 나는 일과 삶의 균형을 유지하는 것이 단순한 시간 관리의 문제가 아니라, 삶의 질과 직결된다는 사실을 깨달았다. 직장에서의 성과와 가정에서의 행복을 동시에 추구하려면, 자신의 에너지를 잘 분배하고 우선순위를 잘 정하는 것이 중요했다.

이 책을 통해 나는 일과 삶의 균형을 찾기 위한 구체적인 방법을 제시하고, 독자들에게 자신만의 균형을 찾을 수 있는 길잡이가 되었으면 좋겠다고 생각했다.

정보보호 전문가로서의 여정

내 커리어의 시작은 SW 시험 인증 심사원으로 일하면서부터였다. 당시 보안 관련 솔루션 위주로 테스팅을 하며 보안 분야와 인연을 맺게 되었다. 이때부터 보안의 중요성을 인식하게 되었고, 그 후 정보보호 분야에서의 커리어를 쌓아가기 시작했다. 정부 기관으로 이직 후에는 기업의 인증 심사 기준을 수립하고, 심사 업무를 통해 보안 관련 공부를 많이 할 수 있었다. 퇴근 후에는 대학원을 다니며 매일 새로운 지식을 쌓았다. 그렇게 일과 공부를 병행하며, 이후 국내 대기업에 경력직으로 입사하게 되었다.

회사에서는 기업의 보안 관리자로서 전반적인 업무를 관리하게 되었다. ISO27001(정보보호경영시스템) 심사원 활동도 병행하며, 보안 전문가로서의 전문성을 더욱 키워나갔다. 심사를 받는 입장과 심사를 하는 입장을 모두 경험하다 보니 보안을 바라보는 관점을 넓힐 수 있어 더욱 좋은 기회가 되었다. 이러한 경험은 나를 정보보호 전문가로서 크게 성장시켜 주었다.

AI와의 만남

아빠의 역할과 직장에서의 효율성을 추구하던 중, 나는 새로운 관심사를 발견했다. 그것은 바로 인공지능(AI)이었다. AI는 우리 삶의 많은 부분을 변화시키고 있었고, 나는 이 기술을 디자인에 적용해 보고 싶다는 생각을 했다. 그래서《따라 하다 보면 나도 AI 디자이너1,2》책을 쓰게 되었다. 이 책에는 AI 기술을 활용하여 디자인 작업을 혁신적으로 변화시키는 방법을 소개했다. AI를 통해 더 창의적이고 효율적인 디자인을 구현하는 방법을 탐구하면서, 나는 새로운 차원의 도전에 흥미를 느꼈다.

《따라 하다 보면 나도 AI 디자이너1,2》를 집필하면서 나는 AI의 무한한 가능성을 발견했다. AI는 단순한 기술적 도구를 넘어, 창의적인 작업의 새로운 패러다임을 열어주고 있었다. 디자인 작업에 AI를 활용함으로써 더 빠르고 효율적인 작업이 가능해졌고, 이는 나의 창의성을 더욱 발휘할 수 있는 기회가 되었다. 그렇게 나는 AI에 대한 깊은 관심을 가지게 되었고, 그 가능성을 더욱 탐구하고자 했다. 동시에 ISO42001(인공지능경영시스템) 심사원으로 활동하며 AI의 관리와 윤리에 대해서도 깊이 고민하게 되었다. AI는 우리 사회에 많은 이점을 가져다줄 수 있지만, 이면에 있는 윤리적인 문제와 관리의 중요성도 함께 고려해야 한다. 그러한 고민과 연구는 나를 더욱 성숙한 전문가로 성장시키는 계기가 되었다.

서로 다른 점들이 모여 만든 나

아빠의 역할, 일과 삶의 균형을 찾는 과정, 보안 전문가로서의 여정, 그리고 AI와 디자인에 대한 관심. 이 모든 점들은 처음에는 서로 관련이 없어 보일 수 있다. 그러나 이 점들이 모여 지금의 나를 만들었다. 아이와의 유대감은 내 삶에 큰 기쁨과 의미를 주었고, 일과 삶의 균형을 찾으려는 노력은 나의 생산성과 행복을 동시에 높여 주었다. 그리고 보안과 AI에 대한 탐구는 나를 새로운 창의적 영역으로 이끌었다.

스티브 잡스의 말처럼, 미래를 내다보며 점들을 연결하는 것은 불가능하다. 그러나 과거를 돌아보면, 모든 점들이 의미 있게 연결되어 있음을 깨닫게 된다. 내 인생의 점들을 하나하나 연결해 보면, 결국 이러한 경험들이 모여 지금의 나를 형성했다. 각 점은 나에게 중요한 교훈을 주었고, 새로운 도전과 성장을 가능하게 했다.

인생에서 각 경험은 그 자체로 중요한 의미를 가진다. 각각의 점이 모여 하나의 큰 그림을 만들어 낸다. 나는 좋은 아빠가 되기 위해, 일과 삶의 균형을 찾기 위해, 그리고 AI와 디자인을 탐구하기 위해 노력해 왔다. 앞으로도 나는 새로운 점들을 추가해 나가며, 더 나은 나를 만들어 갈 것이다.

02

직장생활, 육아, 그리고 책 출간: 그냥 하면 된다

김연아 선수가 연습을 준비하고 있을 때, 한 기자가 그녀에게 물었다.

"연습을 준비하면서 어떤 생각을 하시나요?"

김연아는 간단하게 "그냥 한다."라고 대답했다. 이 짧은 대답은 처음엔 평범하게 들릴 수 있지만, 사실 매우 깊은 의미를 담고 있다. 김연아는 연습이나 경기에서 너무 많은 생각이나 불필요한 걱정을 하지 않고, 오로지 자신의 할 일에만 집중한다는 것을 "그냥 한다."고 답한 것이다.

나도 주변 사람들에게 가끔 비슷한 질문을 받는다.

"직장생활을 하면서, 육아를 병행하며, 어떻게 14권을 책을 출간할 수 있었나요?"

사실 나에게 특별한 비법이 있는 것은 아니다. 그래서 "그냥 하면 돼요."라고 답하곤 한다.

무엇이든 일단 시작해 보는 것이 중요하다. 될지 말지 따지지 말고, 단순히 첫걸음을 내딛는 것이다. 많은 사람들이 시작하기 전에 이것저것 재고, 실패를 두려워하며 망설인다. 그러나 나의 경험상, 성공 여부를 떠나 일단 시작하는 것이 가장 중요한 단계다. 이때 가장 유용한 꿀팁이 있다. 무언가를 배우고 싶다면, 그에 대한 책을 쓰기 시작하는 것이다. 책을 쓰는 과정에서 그 주제에 대해 깊이 공부하게 되고, 이는 일반적인 방식으로 공부하는 것보다 훨씬 더 뛰어난 실력을 쌓게 한다.

작은 목표 설정하기

"그냥 하면 된다."는 말에는 작은 목표를 설정하라는 의미도 담겨 있다. "나는 책을 출판한다."라는 큰 목표를 세우기보다, "지금 당장 책상 앞에 앉는다.", "글을 한 줄 쓴다."라는 작은 행동을 목표로 잡는 것이 더 효과적이다. 작은 목표를 설정하면 부담이 적고, 그 목표를 달성했을 때 성취감을 더 자주 맛보게 된다. 일단 한 줄을 쓰기 시작하면, 자연스럽게 두 줄, 세 줄을 써 내려가게 되고, 그렇게 하다 보면 어느새 한 장, 두 장이 채워진다. 작은 행동들이 모여 큰 결과를 이루는 것이다.

AI시대, 꿈의 연금술사

결과를 상상하기

목표를 시각화하는 것도 효과적인 방법이다. 나는 내 책이 이미 출간되어 서점에 진열되어 있는 모습을 자주 상상한다. 그 상상이 현실이 되기 위해 더 열심히 노력하게 되고, 이는 행동으로 이어진다. 이처럼 결과를 정해놓고 시작하면, 목표를 향해 나아가는 동기 부여가 더욱 강해진다.

감정을 활용하기

글을 쓰는 것은 단순히 정보 전달을 넘어 감정을 표현하는 강력한 도구다. 나는 글을 쓸 때마다 기분이 좋아짐을 자주 느낀다. 글쓰기는 내 감정을 풀어내고, 스트레스를 해소하며, 창의력을 자극하는 데 큰 도움이 된다. 글을 쓰면서 느끼는 기쁨과 만족감은 꾸준히 책을 집필할 수 있는 원동력이 된다. 글쓰기를 통해 얻게 되는 긍정적인 감정은 책을 쓰는 동기 부여가 될 뿐만 아니라, 일상생활에도 긍정적인 영향을 미친다.

책 쓰기 컨설팅

직장생활을 하면서 책을 출간하는 내 모습을 보고 많은 사람들이 영감을 받았다며, 자신도 책을 쓰고 싶다고 말하며 나를 찾아왔다. 원래 누군가에게 알려주는 것을 좋아하기에 흔쾌히 책 쓰기 컨설팅을 해주었다. 그 결과, 내 도움을 받아 책을 출간한 작가들도 여럿 생겼다. 그들이 자신의 이야기를 책으로 엮어 나가는 과정을 지켜보는 것은 매우 보람찬 일이다.

"그냥 하면 된다."라는 말은 단순하지만, 그 속에는 많은 의미가 담겨 있다. 주저하지 말고 첫걸음을 내딛는 용기, 작은 목표를 설정하는 전략, 목표를 시각화하는 힘, 감정을 활용하는 방법, 그리고 꾸준히 실천하는 의지. 이 다섯 가지가 내가 직장생활과 육아를 병행하며 14권의 책을 출간할 수 있었던 비결이다. 그리고 이제는 그 경험을 바탕으로 다른 사람들에게도 책 쓰는 법을 알려주며, 그들이 자신의 이야기를 세상에 알릴 수 있도록 돕고 있다.

이 글을 읽는 독자들에게도 권하고 싶다. 책을 읽는 독자에서 책을 낸 작가가 되길 말이다. 주저하지 말고 그냥 시작하면 된다. 그럼, 생각보다 많은 것을 이룰 수 있을 것이다.

AI시대, 꿈의 연금술사

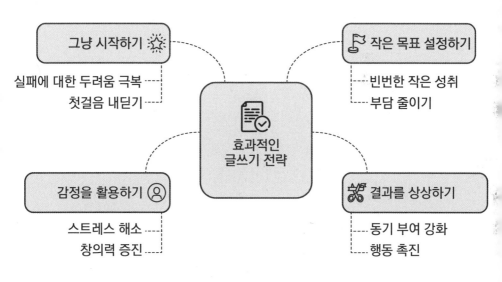

효과적인
글쓰기 전략

그냥 시작하기
실패에 대한 두려움 극복
첫걸음 내딛기

작은 목표 설정하기
빈번한 작은 성취
부담 줄이기

감정을 활용하기
스트레스 해소
창의력 증진

결과를 상상하기
동기 부여 강화
행동 촉진

03

책 출간 후 삶의 전환점: 자존감 회복과 새로운 도전

책 출간 이후 많은 변화가 나타났다. 특히 첫 책인 《아빠 육아 공부》는 출간 이후 많은 사랑을 받았다. 이 책을 통해 많은 사람들의 이목을 끌었고, 다양한 미디어와 기관으로부터 많은 요청을 받게 되었다.

처음으로 방송 출연을 하게 된 곳은 EBS 〈까칠남녀〉였다. 이 프로그램에서 퇴근 후 아이들을 돌보는 모습을 담아 방영하였고, 많은 시청자들이 공감과 응원을 보냈다. 이 외에도 EBS 라디오 〈행복한 교육세상〉에 출연하여 아나운서 김정근 씨와 개그맨 김인석 씨와 함께 아빠 육아에 대한 이야기를 나누며 책의 메시지를 전달했다. 또한 tvN 〈쿨까당〉에 출연했는데, 이 프로그램에서는 개그맨 장재영 씨(일명 코봉이)가 회사와 집을 방문하여 직장 생활과 가정에서 아이들과 노는 모습을 촬영했다. 개그맨 김효진 씨와는 인스타그램 실시간 라이브 방송을 통해 시청자들의 육아 고민을 해결해 주기도 했다. 특히, 대통령 직속 〈저출산고령사회위원회〉에 자문단으로 선정되어 실제 육아와 직장생활을 병행하는 아빠의 관점에서 현실적인 정책을 제시하기도 했다.

책 출간 이후 받은 사랑은 《아빠 육아 공부》에 국한되지 않았다. 《일과 삶의 온도》 출간 후에는 고용노동부와 공무원 대상으로 '직장 내 마음가짐, 대화법, 그리고 자신의 에너지를 적절히 분배하는 방법'에 대한 강연을 진행했다. 이 책은 직장인들에게 큰 공감을 불러일으켰고, 많은 사람들에게 일과 삶의 균형을 맞추는 데 도움을 주었다. 또한, 《따라 하다 보면 나도 AI 디자이너》 책 출간 이후에는 AI에 대한 관심이 높아져 기업이나 인증원 측의 요청으로 AI 관련 강연을 진행해 왔다. 실제로 AI를 활용한 디자인 의뢰가 들어오면서 하나씩 작업을 하며 노하우를 키워나갔다.

또한 《정보보호개론》은 최초로 작업한 공저였는데, 출간 이후 정보보호 분야에서 전문가로 인정받으며 관련 국제 인증 심사원으로도 활동하게 되었다. 이는 정보보호 분야에서 경력을 쌓는 데 큰 도움이 되었다.

책을 출간한 이후, 내 삶에는 여러 가지 긍정적인 변화가 찾아왔다. 우선 가장 눈에 띄는 변화는 자존감의 회복이었다. 이전에는 내가 가진 능력이나 성과에 대한 확신이 부족했다. 자신감이 바닥을 치던 시기가 있었고, 그로 인해 스스로를 의심하는 순간들도 많았다. 그러나 책을 출간하면서 내 생각과 경험을 세상에 내놓았고, 그것이 다른 사람들에게 긍정적인 영향을 미친다는 것을 알게 되면서 자존감이 급격히 상승했다. 이제는 자랑스러운 배우자이자, 존경받는 부모, 그리고 부모님에게는 자랑스러운 자식이라는 자부심을 가지게 되었다. 이러한 자존감 회복은 이후의 활동에도 큰 원동력이 되었다. 무엇이든 해낼 수 있다는 자신감이 생겼고, 그 자신감은 새로운 도전으로 이어졌다.

또한 책을 출간함으로써 해당 분야의 전문가로 인정받는 경험을 했다. 박사학위를 따는 것보다 책 한 권을 출간하는 것이 그 분야에서 전문가로 자리매김하는 데 훨씬 강력한 도구가 될 수 있었다. 출간 이후 방송 출연, 강연, 칼럼 기고 등의 기회가 자연스럽게 찾아왔고, 이를 통해 지식과 경험을 더욱 넓힐 수 있었다. 이러한 활동들은 예상치 못한 부수입으로 이어지기도 했다. 이는 나에게 작가로서 꾸준히 활동하며 자신의 스킬을 키워나가는 동기부여가 되었다.

평일에는 직장에 출근해야 했기 때문에 주로 주말을 이용해 강연이나 외부 활동을 진행했다. 이렇게 주말을 활용해 강연하다 보니, 내 시간을 어떻게 효율적으로 사용할 것인가에 대한 고민도 자연스럽게 생겼다. 이 과정에서 시간 관리와 집중력의 중요성을 더욱 깊이 깨닫게 되었고, 이를 통해 평소의 업무와 개인 활동 사이에서 균형을 잘 맞출 수 있게 되었다.

책을 출간한 이후 내가 경험한 다양한 활동들은 내 삶을 한층 더 풍부하게 만들었다. 단순히 글을 쓰는 것이 아니라, 그 글이 다른 사람들에게 어떤 영향을 미칠 수 있는지를 생각하게 되었고, 이를 통해 더 많은 사람들에게 긍정적인 변화를 줄 수 있는 기회를 얻었다. 강연장에서 만난 사람들, 책을 읽고 피드백을 보내준 독자들, 그리고 함께 작업한 동료들 모두가 나의 성장에 큰 역할을 했다.

이러한 경험들은 나에게 특별한 동기부여가 되었다. 앞으로도 지속적으로 책을 출간하고, 다양한 활동을 통해 내 이야기를 전하고 싶다. 글을 통해 내 경험과 생각을 공유하고, 그것이 다른 사람들에게 도움이 될 수 있다는 사실은 그 무엇과도 바꿀 수 없는 가치다. 이를 통해 많은 사람들이 나의 경험을 통해 배울 수 있기를 기대한다. 나 역시 새로운 도전과 배움을 통해 계속해서 성장해 나갈 것이다.

책을 쓰는 과정은 단순한 지식의 전달을 넘어, 스스로를 돌아보고 성찰하는 시간이다. 나는 글을 쓰는 그 시간과 공간 속에서 자유로움을 느낄 수 있었다. 책을 한 권 한 권 쓸 때마다 나는 더욱 성숙해졌고, 내면의 성장을 느꼈다. 이 성장은 단순히 개인적인 만족에서 그치지 않고, 더 넓은 세상과 연결되어 있다는 것을 깨달았다. 앞으로도 나는 내가 배운 것을 다른 사람들과 나누며, 그들의 성장에 작은 도움이 되기를 바란다. 그리고 그렇게 함께 성장해 나가는 과정에서 나 자신도 끊임없이 발전할 수 있을 것이라고 믿는다.

04

책 쓰기,
삶을 변화시키는 힘

책을 출간한 이후, 나를 찾아오는 사람들이 점점 늘어났다. 이들은 주로 책을 어떻게 쓰냐고 물어왔다. 바쁜 일정 속에서도 시간을 쪼개어가며 나의 노하우를 최대한 전달하려고 노력했다. 그 결과, 점점 더 많은 사람들이 나를 찾아왔고, 1:1로 만나는 것은 나의 시간상 한계에 다다랐다. 그래서 결국 온라인으로 책 쓰기 강의를 진행하기도 했다.

온라인 책 쓰기 강의에 참석한 사람들은 여러 유형이 있었다. 처음 책을 쓰고자 하는 사람부터 이미 책을 쓴 작가들까지 다양했다. 특히 책을 출간한 후 강연 요청 등으로 부수입을 기대했던 작가들은 아무 일도 일어나지 않는 현실에 막막함을 느끼고 있었다. 출간한 책의 표지에 만족하지 못하거나, 출판사의 소극적인 홍보에 불만을 가진 작가들도 많았다. 이런 문제를 해결하기 위해 출간 이후 셀프 마케팅과 자신을 홍보하는 방법에 대한 별도 강의를 진행했는데, 이는 많은 호응을 얻었다.

나와 같은 직장인인 정경문 작가는 처음 나를 찾아왔을 때 에세이를 쓰고 싶어 했다. 그러나 책 쓰는 방법을 몰라 고민하던 그는 이런 것을 알려주는 곳이 없어 답답해하고 있었다. 정경문 작가는 책을 쓰고 싶다는 적극적인 마음을 가지고 있었다. 그래서 나는 그에게 나의 노하우를 전수하며 하나씩 진행해 보길 권했다. 정경문 작가는 내 조언대로 꾸준히 글을 쓰며 실력을 키워갔고, 결국 《나는 처세술 대신 데이터 분석을 택했다》라는 책을 출간하게 되었다. 그는 출간 이후 직장생활과 더불어 강연 활동을 이어가며 이 분야의 전문가로 자리매김했다. 이러한 활동으로 인한 부수입도 당연한 결과였다.

또 다른 사례로는 이미 다른 책 쓰기 교육을 받고 온 예비 작가들이 있었다. 이들은 다른 책 쓰기 코치가 만들어 준 제목과 목차에 만족하지 못해 나를 찾아왔다. 책 쓰기 클래스에서 제공한 목차로 글을 쓰다 보니, 했던 말을 반복하게 되고, 점점 자신이 무엇을 하고 있는지 모르는 상황에 빠져들었다고 했다. 시간은 계속 흘러가고, 책 쓰기 클래스에 투자한 막대한 돈이 아깝게 느껴진다고 말했다. 이들은 결국 책 출판에 대한 꿈을 포기할 지경에 이르렀다.

이들의 목차를 받아보니, 너무 날림으로 만들어 준 티가 났다. 작가가 별로 쓰고 싶지 않은 목차는 아무리 멋진 기교가 담겨 있어도 작가의 색을 표현할 수 없다. 그래서 나는 제목과 목차를 다시 갈아엎고, 전체 구성과 각 목차의 흐름을 만들어 주었다. 이 작가는 정말 고마워하며 이제야 글을 쓸 수 있겠다며 눈물을 흘렸다. 그리고 어려운 환경에서도 꾸준히 글을 써서 책을 출간할 수 있었다. 이러한 경험은 나에게도 큰 보람을 안겨 주었다.

책 쓰기를 통해 얻는 것들

책을 쓰는 것은 단순한 글쓰기 이상의 의미를 가진다. 책을 쓰고 출간하는 과정에서 얻는 경험과 성취감은 무척 크다. 책을 출간한 후에는 다음과 같은 긍정적인 변화들이 있었다.

첫 번째로, 지식의 정리와 확장이다. 책을 쓰는 과정에서 내가 알고 있는 지식을 체계적으로 정리하게 되었다. 그 과정에서 자연스럽게 내가 놓치고 있던 부분을 발견하고, 더 깊이 있는 학습과 연구를 통해 지식을 확장할 수 있었다. 이는 내적으로 큰 성장의 계기가 되었다. 그저 머릿속에 흩어져 있던 지식들이 하나의 흐름으로 정리되면서, 내가 얼마나 많은 것을 알고 있는지, 그리고 또 얼마나 더 배울 수 있는지를 깨닫게 되었다.

두 번째로, 자존감 향상이다. 책을 출간하며 내 생각과 경험을 세상에 내놓고, 그것이 독자들에게 긍정적인 영향을 미친다는 사실을 알게 되었을 때, 자존감은 자연스럽게 높아졌다. 그동안 스스로를 낮게 평가하던 내가, 이제는 내 경험과 지식을 통해 다른 사람들에게 도움이 될 수 있다는 자부심을 느끼게 되었다. 이는 이후의 활동에 큰 자신감을 더해주었고, 더 큰 도전을 두려워하지 않게 되었다.

세 번째로, 전문가로서의 인정이다. 책을 출간하면서 나는 해당 분야의 전문가로 자연스럽게 인정받게 되었다. 박사학위를 받는 것만큼이나, 혹은 그보다 더 강력한 인정을 받게 된 것이다. 책은 내가 그 분야에 대해 얼마나 깊이 연구하고 생각했는지를 보여주는 증거가 되었다. 그 결과, 다양한 강연 요청과 미디어 출연 제안이 들어오게 되었고, 이를 통해 더욱 많은 사람들과 내 지식을 나눌 기회를 얻게 되었다.

네 번째로, 브랜드 강화다. 책을 출간함으로써 내 이름과 브랜드가 강화되었다. 독자들에게는 내 이름이 신뢰의 상징이 되었고,

내 이야기는 그들이 믿고 따를 수 있는 하나의 기준이 되었다. 이는 개인적인 성장을 넘어, 외부에서의 신뢰도와 가치를 높이는 중요한 과정이었다. 책을 통해 쌓아 올린 브랜드는 이후의 활동에 있어 큰 자산이 되었다.

다섯 번째로, 수익 창출이다. 책 출간은 예상치 못한 부수입을 가져다주었다. 책 판매 수익뿐만 아니라, 이를 기반으로 한 강연, 워크숍, 컨설팅 등의 기회를 통해 추가적인 수익을 창출할 수 있었다. 이는 내 활동을 지속적으로 이어가는 데 큰 도움이 되었고, 경제적인 안정감을 더해주었다.

여섯 번째로, 네트워킹 기회다. 책을 출간하면서 나는 다양한 사람들과의 네트워킹 기회를 얻게 되었다. 독자, 출판 관계자, 연예인 등 여러 사람들과의 연결이 강화되었고, 이를 통해 나의 사회적 기반이 확장되었다. 이 과정에서 나는 더 많은 사람들과 교류하며, 그들의 경험과 지식을 공유받을 수 있었다.

일곱 번째로, 방송 출연의 기회다. 책을 출간한 이후, 다양한 미디어에서 나를 조명하기 시작했다. 언론, 방송, 잡지사 등 여러 매체에서 인터뷰 요청이나 출연 제안이 이어졌고, 이를 통해 내 메시지를 더 널리 전할 수 있는 기회를 얻었다. 미디어 노출은 나의 영향력을 더욱 확대하는 중요한 도구가 되었다.

여덟 번째로, 후속 기회 창출이다. 첫 책의 성공은 추가적인 출판 기회나 다른 사회적 활동의 기회를 제공했다. 이에 따라 점진적으로 내 사회적 영향력을 확대할 수 있었다. 새로운 책을 쓰거나, 새로운 프로젝트에 참여할 기회가 계속해서 이어졌고, 이는 나를 끊임없이 성장하게 만드는 원동력이 되었다.

책 출간의 효과

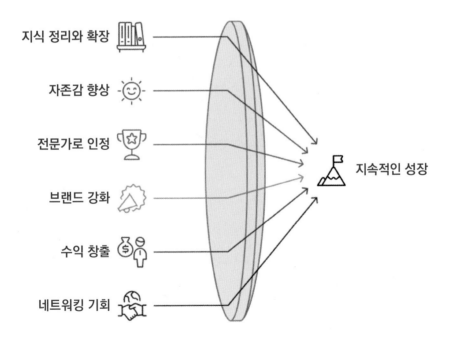

이처럼 책을 출간한 이후의 변화는 단순히 개인적인 성취를 넘어서, 많은 사람들과의 소통과 교류를 통해 더욱 풍부한 삶을 살아가는 데 큰 도움이 되었다. 이러한 경험은 나뿐만 아니라 많은 사람들에게 영감을 주었고, 나 자신도 더욱 성장할 수 있는 계기가 되었다. 앞으로도 책을 통해 많은 사람들에게 긍정적인 영향을 미치고 싶다. 나를 찾아오는 사람들에게 내 노하우를 전수하며, 그들이 자신의 이야기를 세상에 알릴 수 있도록 돕는 것이 나의 목표다. 책 쓰기를 통해 삶의 변화를 경험하고 싶은 사람들에게 희망과 용기를 주고자 한다.

05

글쓰기에 대해서 경계해야 하는 말: "무조건 이렇게 해야 한다."

학창 시절, 수능을 마치고 졸업 전까지 학교에서는 오전 수업만 했었다. 시간적으로 여유가 있어서 나는 친구와 함께 운전면허 학원에 등록했다. 실습할 때는 차의 폭이 어느 정도인지 감을 잘 못 잡아서 실수도 많이 했었다. 한번 연습을 하고 내리면 등에 땀이 가득할 정도였다. 면허를 따고 운전할 때에도 차가 무서울 만큼 긴장을 많이 했다. 그러나 시간이 지나면서 서서히 긴장도 풀어지고 편안하게 운전할 수 있는 수준까지 올라가게 되었다.

글을 쓰는 것도 운전과 비슷하다. 차의 엔진 구조나 연료가 연소하는 화학 공식을 몰라도 운전하는 방법만 배우면 누구나 운전을 할 수 있는 것처럼, 글쓰기도 문법이나 문장의 구조를 완벽하게 알지 못하더라도 글쓰기 방법을 배우면 누구나 글을 쓰고 책을 출간할 수 있다. 그럼에도 "무조건 이렇게 해야 한다."라는 말을 강조하는 경우가 있다. 이 말은 글쓰기에서 꼭 경계해야 한다. 강요된 틀은 글쓰기의 본질을 훼손할 수 있기 때문이다.

글쓰기 비법서의 한계

서점에서 흔히 볼 수 있는 《최고의 글쓰기 비법서》는 글쓰기를 시작하는 사람들에게 매력적으로 보일 수 있다. 이런 책들은 글을 시작하는 방법, 글의 구조를 잡는 법, 문장을 매끄럽게 이어나가는 비법 등을 포함한다. 이런 비법서들이 제공하는 팁과 트릭은 유용할 수 있지만, 문제는 "이렇게 해야만 한다."라는 강박을 심어줄 때 발생한다. 글쓰기에 정해진 틀이나 공식은 없다. 각자의 개성과 표현 방식이 다르기 때문에 최고의 글쓰기 비법서라고 해서 모든 사람에게 맞는 것은 아니며, 그 방법들이 나에게 맞지 않을 수도 있음을 인식해야 한다.

많은 사람들은 비법서를 통해 자신만의 글쓰기 방법을 찾고자 한다. 그러나 비법서는 단지 참고 자료일 뿐이지 정답은 아니다. 그 안에 담긴 조언들은 다양한 사례와 경험을 바탕으로 작성된 것이지만, 이를 무조건적으로 따르다 보면 오히려 자신의 개성을 잃어버릴 수 있다. 중요한 것은 비법서를 참고하되, 자신의 스타일에 맞게 변형하고 적용하는 것이다. 비법서가 제시하는 방법이 나에게 맞지 않더라도 좌절할 필요가 없다. 오히려 다양한 시도를 통해 나만의 방식을 찾아가는 과정이 필요하다.

첫 문장에 대한 강박

첫 문장은 중요하다. 독자의 시선을 사로잡는 요소이기 때문에, 많은 글쓰기 책에서는 첫 문장을 어떻게 써야 하는지에 대해 강조한다. 강렬한 인상을 남기거나, 독자의 호기심을 자극하고, 독자가 글을 끝까지 읽도록 유도하는 등의 조언들이 흔히 제시된다. 이러한 조언들은 유용할 수 있지만, 첫 문장을 쓰는 방식에 있어서도 다양한 접근이 존재한다는 사실을 간과해서는 안 된다.

첫 문장이 항상 강렬할 필요는 없으며, 때로는 평범하고 자연스러운 시작이 독자에게 더 큰 공감을 줄 수 있다. 첫 문장에 너무 집착하다 보면 글의 자연스러운 흐름을 잃을 수 있다.

첫 문장을 쓰는 것은 어렵다. 많은 작가들이 첫 문장에 대한 강박 때문에 글쓰기를 시작하지 못하거나, 첫 문장을 완벽하게 써야 한다는 압박감에 시달린다. 첫 문장이라는 부담을 내려놓고 의식하지 말고 자연스럽게 글을 쓰기 시작하면 된다. 첫 문장은 글의 시작일 뿐 그다음에 이어지는 문장을 통해 글의 흐름을 잡아나갈 수 있다. 첫 문장에 너무 많은 시간을 할애하기보다는, 전체적인 글의 흐름을 생각하며 글을 쓰는 것이 중요하다. 글을 완성한 뒤에 첫 문장이 마음에 들지 않는다면 그때 바꾸면 된다.

AI시대, 꿈의 연금술사

작가의 비법을 맹목적으로 따르지 말자

유명 작가들이 자신의 글쓰기 비법을 공유하는 책들도 많이 있다. 이들 책에서 우리는 글을 쓰는 데 있어 자신의 루틴과 습관, 아이디어를 얻는 방법, 글을 다듬고 수정하는 과정을 접할 수 있다. 작가의 글 쓰는 비법은 영감과 동기를 줄 수 있지만, 이를 맹목적으로 따르는 것은 위험할 수 있다. 작가마다 각기 다른 자신만의 경험과 스타일을 바탕으로 글을 쓰기 때문에, 그들의 비법이 나에게 꼭 맞는 것은 아니다. 다른 작가의 방법을 참고하되, 나만의 글쓰기 방식을 개발하는 것이 중요하다.

유명 작가의 비법을 맹목적으로 따르다 보면 오히려 자신의 스타일을 잃어버릴 수 있으며, 이는 글쓰기의 본질을 훼손할 수 있다. 중요한 것은 다양한 방법을 시도해 보고, 그중에서 자신에게 가장 맞는 방법을 찾아가는 것이다.

왜 "무조건 이렇게 해야 한다."는 말을 경계해야 하는가

글쓰기에 있어서 "무조건 이렇게 해야 한다."라는 말을 경계해야 하는 이유는 여러 가지가 있다. 첫째, 이러한 강박은 창의성을 저해할 수 있다. 글쓰기는 창의적인 활동이다. 정해진 틀에 얽매이면 창의적인 아이디어를 떠올리기 어렵고, 글의 재미와 흥미를 잃게 된다.

둘째, 자기표현의 자유를 제한할 수 있다. 우리는 저마다 고유한 목소리와 스타일을 가지고 있다. 특정한 방식에 얽매이면 자신의 개성과 표현을 제한하게 된다.

셋째, 글쓰기의 즐거움을 상실할 수 있다. 글쓰기는 즐거워야 한다. 강압적인 규칙에 따라 글을 쓰다 보면, 글쓰기가 의무감으로 변하고 즐거움을 잃게 된다.

넷째, 성장과 발전을 저해할 수 있다. 글쓰기는 끊임없는 연습과 수정, 발전을 통해 성장한다. 고정된 방식에 머무르면 새로운 시도와 도전을 통해 성장할 기회를 놓치게 된다.

자신만의 스타일 찾기

글쓰기에 있어서 중요한 것은 자신만의 스타일을 찾는 것이다. 다양한 글쓰기 방식을 시도해 보고, 그중에서 자신에게 가장 편안하고 효과적인 스타일을 찾는 것이 중요하다. 이는 글쓰기의 자유와 창의성을 유지하는 데 도움이 된다. 또한, 유연한 접근을 취하는 것도 좋다. 글쓰기에 있어서 유연한 접근을 취하면 상황과 주제에 따라 다른 방식으로 접근할 수 있다. 이는 글의 다양성과 깊이를 더하는 데 도움이 된다.

피드백 수용과 꾸준한 연습

글쓰기 능력을 향상시키기 위해서는 다른 사람들의 피드백을 받아들이고, 이를 통해 글을 수정하고 개선하는 과정이 필요하다.

피드백은 글쓰기의 질을 높이는 데 큰 도움이 된다. 또한, 글쓰기는 꾸준한 연습을 통해 발전한다. 매일 조금씩이라도 글을 써보는 습관을 들이면 글쓰기 능력이 향상된다. 글쓰기를 즐기고, 꾸준히 연습하는 것이 중요하다.

글쓰기의 즐거움 유지

글쓰기를 지속적으로 하기 위해서는 글쓰기의 즐거움을 유지하는 것이 중요하다. 글쓰기를 통해 느끼는 즐거움이 있어야 지속적으로 글을 쓸 수 있다. 글쓰기는 자신을 표현하고, 새로운 아이디어를 떠올리며, 창의적인 활동을 하는 과정이다. 이를 통해 느끼는 성취감과 즐거움이 있어야 글쓰기를 지속할 수 있다.

글쓰기는 정해진 틀이 없는 창의적인 활동이다. "무조건 이렇게 해야 한다."는 말을 경계하고, 자신만의 스타일과 방식을 찾는 것이 중요하다. 다양한 글쓰기 방법을 시도해 보고, 그중에서 자신에게 가장 맞는 방법을 찾는 것이 바람직하다. 창의성과 자기표현의 자유를 유지하며, 글쓰기를 통해 즐거움과 성취감을 얻을 수 있도록 노력하자.

경직된 글쓰기 규칙의 부정적인 순환

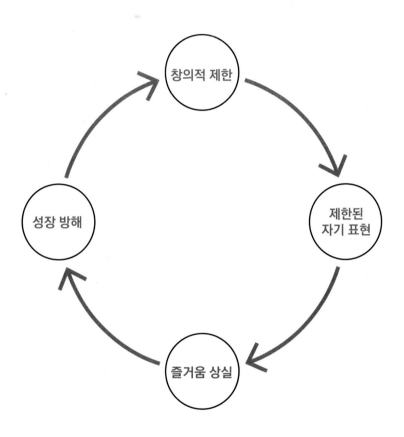

AI시대, 꿈의 연금술사

06

자신의 프레임을 벗어나 책을 써서 부자가 되라

부자가 되는 것은 단순히 돈을 많이 버는 것을 의미하지 않는다. 이는 자신의 가치와 잠재력을 극대화하고, 지속 가능한 수익을 창출하며, 더 나아가 사회에 긍정적인 영향을 미치는 것을 의미한다. 이 글에서는 글을 써서 부자가 되기 위한 구체적인 방법과 사고방식을 제시하고자 한다.

소비자에서 생산자로, 독자에서 작가로 전환하라

대부분의 사람들은 소비자 역할에 머무른다. 소비자는 돈을 지출하여 상품이나 서비스를 구매하는 사람이다. 그러나 부자가 되기 위해서는 생산자가 되어야 한다. 생산자는 상품이나 서비스를 만들어내고, 이를 통해 수익을 창출한다. 소비자는 단순히 돈을 쓰는 반면, 생산자는 돈을 벌어들이는 역할을 한다.

책을 읽는 것만으로는 부자가 될 수 없다. 독자에서 작가로 전환해야 한다. 작가는 자신의 지식과 경험을 바탕으로 책을 쓰고, 이를 통해 수익을 창출한다. 독자는 책을 구매하여 읽지만, 작가는 책을 써서 판매하고 강연, 교육과정 운영, 컨설팅 등을 통해 추가적인 수익을 올릴 수 있다.

부자와 가난한 사람의 차이

가난한 사람과 부자는 사고방식과 행동에서 큰 차이를 보인다. 이러한 차이는 결국 삶의 질과 경제적 상황에 큰 영향을 미친다. 가난한 사람들은 싸고 좋은 것만 쫓고, 베스트셀러를 목표로 하며, 소비자로 머문다. 반면에 부자들은 정당한 가치를 지불하고, 출판을 통해 다양한 수익 창출 기회를 만들며, 생산자로 살아간다.

가난한 사람들은 항상 가장 저렴한 것을 찾지만, 싼 것이 항상 좋은 것은 아니다. 베스트셀러가 되기를 꿈꾸지만, 모든 책이 베스트셀러가 될 수는 없다. 중요한 것은 자신의 책이 꾸준히 판매되도록 하는 것이다. 소비자로 머무르지 말고, 생산자가 되어야 한다.

부자들은 좋은 제품과 서비스에 정당한 가치를 지불하고, 이를 통해 생산자와의 신뢰 관계를 형성한다. 출판을 통해 다양한 수익 창출 기회를 만들고, 책을 기반으로 강연, 교육과정 운영, 컨설팅 등을 통해 추가적인 이익을 얻는다. 생각해 보자, 부자들은 항상 무언가를 만들어내는 생산자다.

돈 벌기는 쉽다

돈을 버는 것은 사실 생각보다 쉽다. 세상에는 돈과 사람이 넘쳐난다. 중요한 것은 자신의 가치를 인식하고, 이를 효과적으로 활용하여 수익을 창출하는 것이다. 기존의 사고방식과 관념에서 벗어나, 자신이 원하는 삶을 살아야 한다. 자신이 생각하는 것보다 더 가치 있는 존재임을 인식하고, 자신의 몸값을 높게 평가하라. 이는 자신감을 높이고, 더 나은 기회를 창출하는 데 도움이 된다.

많은 사람들이 돈을 벌기 위해 더 많이 일하거나, 더 많은 것을 희생해야 한다고 생각한다. 그러나 진정한 부는 단순한 노동의 결과가 아니라, 지혜롭고 전략적인 사고방식에서 비롯된다. 부자들의 목표는 단순히 돈을 많이 버는 것이 아니라, 자기 삶의 질을 향상시키고, 사회에 긍정적인 영향을 미치는 것이다.

사고의 패턴을 바꿔라

가난의 악순환에서 벗어나기 위해서는 사고의 패턴과 회로를 바꿔야 한다. 우리는 모두 자신만의 색안경을 끼고 세상을 바라본다. 이 색안경은 우리의 경험, 믿음, 사회적 영향 등으로 형성된 것이며, 때로는 우리를 한정된 시각에 가두기도 한다. 부자가 되기 위해서는 이 색안경을 벗어 던지고, 새로운 시각으로 세상을 바라보아야 한다. 이를 통해 더 나은 결정을 내리고, 더 나은 결과를 얻을 수 있다.

부자들은 항상 새로운 기회를 찾아내고, 이를 활용하여 수익을 창출한다. 이는 용기와 결단력을 요구한다. 불평과 불만만으로는 인생이 변화하지 않는다. 자신이 할 수 없는 것에 집중하지 말고, 할 수 있는 것에 집중하라. 사고의 패턴을 바꾸고, 부자가 되는 길을 선택하라.

자신을 믿고 행동하라

부자가 되기 위한 여정은 결코 쉽지 않을 수 있다. 그러나 올바른 사고방식과 행동을 통해 충분히 가능하다. 자신의 가치를 인식하고, 이를 최대한 활용하여 부자가 되는 길을 걸어가자. 책을 쓰고, 출간하면, 이를 통해 다양한 수익 창출 기회를 만들어 갈 수 있다.

자신의 프레임을 벗어나, 더 넓은 세상으로 나아가야 한다. 부자가 되려면 부자의 사고방식을 선택하고, 용기를 가져야 한다. 불평과 불만만으로는 인생이 바뀌지 않는다. 자신의 가치를 인식하고, 이를 최대한 활용하여 부자가 되는 길을 걸어가길 바란다.

부자가 되기 위한 첫걸음은 자신을 믿는 것에서 시작된다. 본인의 능력을 의심하지 말고, 목표를 향해 꾸준히 나아가는 것이다. 작은 성공들이 쌓여 큰 성과를 이루게 된다. 또한, 부자가 되는 과정에서 겪는 어려움은 당신을 더욱 강하게 만든다. 중요한 것은 포기하지 않고, 계속해서 나아가는 것이다.

부자가 된다는 것은 단순히 돈을 많이 버는 것이 아니다. 이는 자신의 가치를 극대화하고, 지속 가능한 수익을 창출하며, 나아가 사회에 긍정적인 영향을 미치는 것을 의미한다. 자신의 프레임을 벗어나, 더 넓은 세상에서 기회를 찾아내고, 이를 통해 부자가 되기를 바란다. 부자가 되는 여정은 길고 험난할 수 있지만, 그 과정에서 얻는 경험과 성장은 무엇과도 바꿀 수 없는 귀중한 자산이 될 것이다.

부의 창출 방법: 소비자에서 생상자로 전환

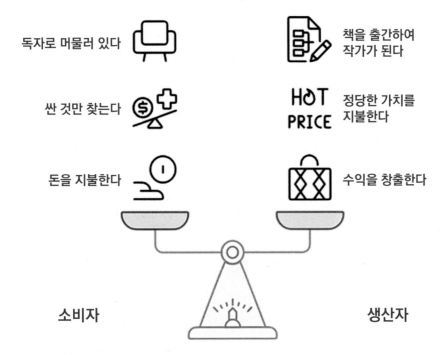

독자로 머물러 있다

책을 출간하여 작가가 된다

싼 것만 찾는다

정당한 가치를 지불한다

돈을 지불한다

수익을 창출한다

소비자

생산자

AI시대, 꿈의 연금술사

07

AI 시대의 두려움, 그 감정도 우리의 일부다

　인공지능(AI)은 이제 우리 일상 속 깊숙이 들어와 있다. 우리가 사용하는 스마트폰의 음성 비서, 스트리밍 서비스에서 나오는 맞춤형 영화 추천, 온라인 쇼핑에서의 상품 추천까지, AI는 우리가 매일 접하는 다양한 상황에서 우리의 삶을 더욱 편리하고 효율적으로 만들어주고 있다. 그러나 이러한 변화는 동시에 많은 사람들에게 두려움을 불러일으킨다. AI가 우리의 일자리를 빼앗을까, 우리의 프라이버시를 침해할까, 혹은 인간의 통제를 벗어나지 않을까 하는 걱정들이다. 이런 두려움은 자연스럽고, 당연한 감정이다. 중요한 것은 이 두려움을 어떻게 받아들이고, 그것을 어떻게 활용할 것인지에 대한 우리의 선택이다.

두려움의 본질

두려움은 우리가 무언가를 중요하게 여기기 때문에 느끼는 감정이다. AI에 대한 두려움도 마찬가지다. 우리는 변화에 대한 두려움, 미지의 것에 대한 불안감을 느낀다. 이는 인간의 본능적인 반응으로, 우리를 보호하려는 메커니즘이다. 그러나 이러한 두려움이 우리를 마비시키고, 변화에 대처하지 못하게 한다면 이는 문제가 된다. 두려움을 극복하고, 그것을 우리의 삶에 긍정적으로 활용하는 것이 중요하다.

두려움을 활용하는 방법

AI에 대한 두려움을 극복하기 위한 첫 번째 단계는, 그 두려움을 인정하고 받아들이는 것이다. AI가 주는 변화가 무섭다면, 그 변화가 왜 무서운지 명확히 이해하는 것이 필요하다. 두려움을 느끼는 이유를 알면, 우리는 그것을 어떻게 극복할지, 그리고 어떻게 활용할지에 대한 방안을 찾을 수 있다.

1. 교육과 학습

AI에 대한 두려움을 줄이는 가장 좋은 방법의 하나는 AI에 대해 배우고 이해하는 것이다. AI의 기본 개념, 작동 원리, 그리고 현재와 미래의 가능성에 대해 학습하면 두려움을 덜 느끼게 된다. 교육을 통해 우리는 AI를 더 잘 이해하고, 그것을 우리의 삶과 업무에 어떻게 적용할지 더 명확한 그림을 그릴 수 있다.

2. 적극적인 활용

AI를 두려워하기보다는, 그것을 적극적으로 활용해 보는 것도 좋은 방법이다. AI는 우리의 일을 더 효율적으로 만들어줄 수 있는 도구다. 예를 들어, AI를 활용해 쉽게 정보를 얻고, 반복적인 업무를 자동화함으로써 우리는 더 중요한 창의적인 작업에 집중할 수 있다. AI를 사용해 보고, 그 혜택을 직접 경험해 보는 것이 중요하다. AI로 간단한 질문을 해보거나 그림을 그려보는 것부터 시작하면 좋다. 관련 세미나에 참석해 내 삶에 어떻게 적용할지 찾아보는 것도 방법이 될 수 있다.

AI는 우리의 동료이자 도구다. AI가 우리의 일을 대체하는 것이 아닌, AI와 협력하여 더 나은 결과를 얻게 만드는 도구로 사용된다는 의미다. AI의 개발과 활용에 있어 인간의 통제가 중요한 이유도 여기에 있다. 우리는 AI를 통해 얻는 데이터를 바탕으로 더 나은 의사 결정을 내리고, 이를 통해 더 나은 결과를 만들어낼 수 있다.

AI 시대를 살아가면서 이에 대한 걱정을 피하는 것은 불가능하다. 그러나 우리는 이 걱정을 어떻게 대처할지 선택할 수 있다. AI를 걱정하고 두려워하기보다는, 그것을 배우고 이해하며, 적극적으로 활용해 보자. 두려움을 긍정의 에너지로 전환하여, AI와 함께 더 나은 미래를 만들어가는 것이다. 두려움을 이겨내는 것이 아니라, 그것과 함께하는 법을 배우는 것이 진정한 용기다. AI 시대의 변화는 우리에게 도전이자 기회임을 알고, 이를 잘 활용하여 더 나은 삶을 만들어 가도록 하자.

두려움은 우리의 본능적인 감정이지만, 그것이 반드시 부정적일 필요는 없다. 오히려 두려움이 우리가 더 나은 방향으로 나아가도록 자극할 수 있다. AI는 우리에게 새로운 도전과 기회를 제공한다. 이를 활용하여 우리는 더 큰 성취를 이룰 수 있다. 누군가는 두려움 속에서 막연히 있지만, 또 다른 누군가는 그 두려움 속에서 기회를 찾는다. 그 기회를 찾는 자가 바로 지금 우리가 되어야 하지 않을까?

AI 시대의 두려움은 자연스럽고 당연한 감정이다. 그러나 이제는 두려움을 극복하는 것이 아니라, 그것을 우리의 일부로 받아들이고 함께하는 법을 배워야 한다.

이 시대를 살아가고 있는 지금, AI와 함께 더 나은 미래를 만들어가는 것이 우리의 과제다.

PART 4

나는 경단녀로
살지 않기로 했다

- 신지은 -

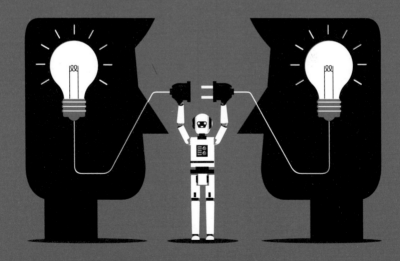

01

엄마의 꿈:
아이를 위해 나를 키우다

　나는 늦은 나이에 결혼하고 두 아이의 엄마가 되었다. 35세라는 나이로 결혼한 후, 2년 정도의 신혼생활을 즐긴 뒤 첫 아이를 가졌다. 첫 임신은 내 인생에서 매우 중요한 경험이었지만, 결코 쉽지 않았다. 심한 입덧을 겪으면서도 소중한 생명을 만든다는 기쁨과 함께, 그것이 얼마나 큰 책임인지를 체감했다. 이 시기는 또한 생애 첫 휴식기이기도 했다. 학창 시절부터 쉼 없이 일해왔던 나에게, 임신 기간은 마치 멈춰 있던 시계가 다시 움직이는 듯한 시간이었고, 그 시간 동안 내가 걸어온 길을 되돌아보게 되었다.

　내 삶은 일과 배움으로 가득 찬 여정이었다. 중학교 때 처음 팬시점에서 아르바이트를 시작으로 김밥집, 주유소, 편의점 등 할 수 있는 모든 일을 해보았다. 그 당시 나는 생계와 학업을 모두 유지해야 했기 때문에 미성년자가 할 수 있는 거의 모든 아르바이트를 경험했다. 이러한 경험들은 나에게 생존의 방식을 가르쳤고, 동시에 세상의 다양한 면모를 접할 수 있게 해주었다. 이 모든 일들이 나에게는 단순한 수입원이 아니라, 세상과의 접점을 넓혀주는 중요한 배움의 기회였다.

대학 시절에도 나는 공부와 일을 병행했다. 과외와 아르바이트를 한 번도 끊지 않았고, 졸업 후에도 곧바로 취업하여 일을 시작했다. 집안이 늘 가난했기 때문에, 휴식이나 여행, 유학 같은 여유는 나에게 사치였다. 친구들이 방학 때 해외여행을 가거나 어학연수를 떠날 때, 나는 그저 일하며 생계를 유지해야 했다. 지금 돌아보면 그런 친구들이 부럽기도 하지만, 당시에는 부러워할 여유조차 없었다. 그저 다른 세상 사람들의 이야기처럼 느껴졌기 때문이다. 그렇게 쉼 없이 일하고, 투잡이나 쓰리잡을 뛰며 살아온 내 삶은 나에게 결혼과 출산의 시기를 늦추게 했다.

첫 아이를 임신하기 전까지 나는 단 한 번도 제대로 된 휴식을 취해본 적이 없었다. 왜냐하면, 내가 살면서 겪어야 했던 척박한 삶을 아이들에게 물려주고 싶지 않았기 때문이다. 나의 경험 대부분은 아르바이트와 책을 통해 얻은 것이었지만, 세상은 그보다 훨씬 넓고 다양한 기회가 존재한다는 사실을 이제야 깨닫고 있다. 그래서 나는 아이들이 더 많은 가능성과 기회를 접할 수 있도록 여유 있는 부모가 되기를 바랐다. 하지만 그것이 결코 마음 만으로 되는 일이 아니라는 것을 잘 알고 있다. 모든 부모가 그런 마음을 갖고 있지만, 현실적인 여건은 그리 간단하지 않다. 그러기 에 끊임없이 나 자신을 성장시키고 나아가야 한다는 것을 느끼며 살고 있다.

어른들이 배움에는 끝이 없다고 말하듯이, 배움은 공부에만 국한된 것이 아니다. 삶을 살아가는 데 필요한 모든 것이 배움이 다. 처음 아이를 낳고 아기를 품에 안았을 때, 나는 바들바들 떨 며 아이를 안아야 했다. 아기를 떨어뜨릴까 봐 두려워하면서도, 그 과정에서 나는 배웠다. 이러한 경험들이 쌓여 배움이 되었고, 결국 익숙해지면서 노련해졌다.

배움이란 이처럼 생활 속 모든 일에 해당하며, 그 깊이와 넓 이는 무궁무진하다. 이러한 배움의 과정을 통해 나는 자연스럽게 방향을 잡아가며 성장해 나갔고, 아이를 낳았다는 이유로, 육아 가 힘들고 어렵다는 이유로 배움을 멈출 이유가 없다는 것을 깨 달았다.

아이를 돌보는 동안에도 나는 꾸준히 자기 계발에 힘썼다. 집 에서 할 수 있는 온라인 강의를 듣거나, 책을 통해 새로운 지식을 쌓으며, 내가 가야 할 다음 길을 모색했다. 아이를 돌보면서도 내 가 배울 수 있는 것들이 너무나 많았고, 아이와 함께 성장해 나가는 과정에서 나는 더 큰 성취감을 느끼게 되었다.

  결국, 엄마로 사는 삶은 단지 아이를 돌보는 역할에 머물 필요가 없다는 걸 깨달았다. 오히려 그 역할을 통해 '더 넓은 세상을 배우고, 나를 성장시키며, 새로운 도전과 기회를 찾아가는 길'이라는 것을 확신했다.

02

경단녀가 아닌, 성장을 선택하다

첫 아이를 출산하고 아기가 6개월쯤 되었을 때, 나는 10년 넘게 일해 온 출판 편집자의 일을 다시 시작하기로 결심했다. 물론, 프리랜서로 일하는 것이 가능했기 때문에 시작할 수 있었던 일이었다. 육아하면서 느낀 것은 아기가 생기기 전과 후의 삶의 우선순위가 완전히 달라진다는 사실이다.

아기가 없었을 때는 나 자신이 1순위였고, 그다음이 나에게 맡겨진 일을 우선순위로 생각했다. 그러나 아기가 생기고 나서부터는 나 자신도 아닌, 아기가 나의 최우선 순위가 되었다. 0순위라는 말이 이런 것이구나 싶었다.

아기를 키우면서 직장에서 원하는 시간만큼 일하는 것은 사실상 불가능에 가까웠다. 출판사는 그 특성상 더욱더 그런 상황이었기에, 다시 직장에 복귀하는 것은 현실적으로 어려운 일이었다.

그러나 나는 좌절하지 않고, 내가 할 수 있는 방법을 찾아 돌파구를 만들었다. 그렇게 프리랜서로 책임 편집을 맡아 책을 출판하게 되었고, 그 책은 성공적인 결과를 얻을 수 있었다.

프리랜서로 일하는 것은 자유로운 시간 관리가 가능하다는 장점이 있지만, 동시에 자기 주도적인 책임감이 필요하다. 아이를 돌보는 틈틈이 작은 업무를 수행하고, 아이가 잠든 시간이 되어야 일에 집중할 수 있었다. 그럼에도 일을 할 수 있다는 사실 만으로 나에게 큰 만족감을 주었고, 내가 세상과 연결되어 있다는 느낌을 받았다. 출판 편집자로 쌓아온 경험과 노하우는 나에게 큰 자산이었고, 그것을 활용할 수 있다는 것 또한 큰 힘이 되었다.

프리랜서로 일하면서도 나는 끊임없이 배움의 기회를 찾았다. 출판업계는 빠르게 변화하고 있었고, 디지털 출판과 같은 새로운 트렌드에 대응하기 위해서는 계속해서 배우고 적응해야 했다. 나는 새로운 기술을 익히고, 변화하는 시장의 흐름을 읽으며 나의 업무를 발전시켜 나갔다. 이는 단순히 생계를 위한 일이 아니라, 나 자신을 위한 성장이기도 했다. 또한, 이러한 과정에서 나는 아이들에게 더 나은 미래를 제공하기 위한 부모의 역할을 다할 수 있는 자신감을 얻게 되었다.

육아와 일을 병행하는 것은 쉽지 않은 도전이다. 하지만 나는 그 도전을 통해 나 자신을 더욱 단단하게 만들었고, 내가 원하는 삶을 만들어 가고 있었다. 물론, 때로는 힘들고 지치는 순간도 많았다. 하지만, 그럴 때마다 나는 내가 왜 이 길을 선택했는지를 떠올리며 다시 힘을 냈다. 나의 목표는 단순히 돈을 벌거나 경력을 쌓는 것이 아니라, 나 자신과 내 가족을 위한 더 나은 미래를 만드는 것이었다. 그리고 그 목표를 향해 나아가면서 지금도 조금씩 성장하고 있음을 느낀다.

이제 나는 두 아이의 엄마로서, 그리고 프리랜서 출판 편집자로서의 삶을 살아가고 있다. 나의 경험과 배움은 계속해서 쌓여가고 있으며, 그것을 바탕으로 더 나은 내일을 만들어 가고자 한다. 배움과 성장은 끝이 없으며, 나는 그 과정에서 내가 원하는 삶을 만들어 가고 있다. 내 아이들에게는 내가 겪었던 척박한 삶이 아니라, 더 많은 가능성과 기회가 열려 있는 세상을 보여주고 싶다. 그리고 그것이 바로 내가 계속해서 성장을 멈추지 않는 이유다.

03

끊임없는 배움과 도전으로 만들어 낸 나의 삶

2005년, 나는 세종대학교 인문학부에 입학했다. 당시 나는 일어일문학과 국어국문학을 복수로 전공하며 언어와 문학에 대한 깊은 관심을 키웠다. 언어는 단순히 의사소통의 수단을 넘어서, 문화와 사고방식을 이해하는 창문과도 같았다. 특히 일본어와 한국어에 대한 깊이 있는 이해는 이후 나의 커리어에서 중요한 역할을 하게 되었다.

대학을 졸업한 후 나는 출판에이전시에 입사하게 되었다. 입사 후 처음 맡은 프로젝트는 일본에서 큰 인기를 끌었던 《생각 버리기 연습》의 한국 판권을 담당하는 일이었다. 이 책은 이후 한국에서 큰 반향을 일으켰고, 출간 직후 베스트셀러로 자리 잡았다. 출판사와 함께 번역과 리라이팅 작업을 철저히 진행했고, 그 결과이 책은 6개월 이상 1위를 기록하며 스님 책 유행의 시초로 알려지게 되었다. 지금도 이 책은 꾸준히 시리즈로 발간되며, 나의 첫 성과이자 성공으로 남아 있다.

이후로도 나는 일본 서적을 한국에 소개하여 《20대에 연봉의 90%가 결정된다》, 《사람은 믿어도 일은 믿지 마라》, 《상사는 부하보다 먼저 바지를 벗어라》 등의 판권을 담당했다. 특히, 《상사는 부하보다 먼저 바지를 벗어라》는 한국에서 이미 유명한 저자의 책을 판권 만료 시점을 정확히 파악하여 재계약을 성공적으로 이끌어 낸 사례였다. 이러한 경험은 출판업계에서 나의 위치를 더욱 공고히 해 주었다.

어릴 적 온갖 아르바이트의 경험이 일을 잘할 수 있는 영향력을 키우게 된 것인지, 첫 직장에서의 성과는 신입답지 않다는 평가를 받으며 자리 잡아 갔다.

요즘 우리나라에서도 정리에 대한 관심이 커졌다. 나는 13년 전, 신입 시절 일본에서 관심이 높은 정리 분야의 책인 곤도 마리에의 《인생이 빛나는 정리의 마법》의 판권을 확보했다. 그 후 우리나라에도 정리 컨설턴트라는 새로운 직업이 생겨나기 시작했다. 이 책은 한국 시장에 새로운 바람을 불러일으켰고, 출판사에서도 이 책의 성공 덕분에 저자의 후속 책들을 계속 발간할 수 있게 되었다. 이 작업은 내가 퇴사하기 직전의 마지막 프로젝트였으며,

내가 출판 에이전시에서 이룬 중요한 성과 중 하나로 기록된다.

지금도 출판사는 연봉이 낮은 직업 중의 하나다. 신입 시절 출판사 월급은 100만 원 남짓이었다. 나는 출판사에 다니면서 퇴근 후나 주말을 이용해 일본어 번역과 대필 작가로서의 길을 걷기 시작했다. 동시에 프리랜서 기자로 활동하다가, 스카우트 제의를 받아 에너지 전문 잡지와 건설 건축 기자로 활동하게 되었다. 특히 인터뷰 전문 기자로서 지경부와 관공서 출입 기자로 활동하면서 다양한 경험을 쌓을 수 있었다. 그러나 기자 생활은 나와 맞지 않았고, 결국 출판사로 다시 돌아가게 되었다.

2012년 말, 나는 중소 규모의 출판사에 입사하게 되었다. 이곳에서 나는 《그대 발끝에 이마를 대다》, 《네 인생을 성형하라》, 《일하기 싫어질 때》, 《미국으로 간 허준》 등의 책을 출간했다. 특히 《그대 발끝에 이마를 대다》는 저자와의 협의를 통해 포토에세이집을 성공적으로 발간하였고, 이는 포털사이트 네이버 메인에 소개되기도 했다. 《네 인생을 성형하라》는 우리은행 본사에서 신입사원 교육용 도서로 선정되어 대량 주문이 들어왔으며, 《미국으로 간 허준》은 건강 분야에서 베스트셀러로 선정되었다.

이러한 이력들을 바탕으로 연봉을 높여 조금 자본과 규모가 갖춰진 출판사로 입사하게 되었다. 2015년이었고, 그때부터는 한

AI시대, 꿈의 연금술사

달에 한 권씩 책을 출간하며 활발한 활동을 이어갔다.

《화내는 엄마 눈치 보는 아이》,《나는 미래의 나를 응원한다》,《스물아홉, 직장 밖으로 행군하다》,《운이 따르게 하는 습관》등 다양한 주제의 책들을 출간하며, 출판사에서 나의 역할을 더욱 확고히 했다. 특히《하루 10분 놀이 영어》와《하루 10분 책 쓰기 수업》은 많은 사람들에게 사랑받았고, 출판업계에서도 실력을 인정받아 가는 시기가 되었다.

경력을 쌓아가는 과정은 늘 도전과 성장의 연속이다. 업무에서 성과를 이루며 직장 내에서의 위치가 높아지는 것은 분명 즐거운 일이었고, 매일 새로운 과제를 해결하는 일은 내게 큰 만족감을 주었다. 하지만 업무량이 많아질수록 컴퓨터 앞에 앉아 있는 시간이 길어졌고, 그렇게 하루하루 앉아서 일하는 시간이 쌓여가면서 몸이 점차 망가져 가는 것을 느꼈다. 이대로는 안 되겠다는 생각에 내 몸을 다시 회복시킬 방법을 찾기 시작했다.

그렇게 선택한 것이 요가였다. 퇴근 후 요가를 하고 집으로 오니 몸이 회복되는 느낌이 들었다. 그래서 좀 더 열심히 빠지지 않고 다니게 되었다. 그렇게 요가를 배우던 어느 날, 요가 강사님이 내게 흥미로운 제안을 해주었다. 나에게 보조 강사로서 한번 회원들을 가르쳐 보는 것이 어떻겠냐는 것이었다. 정식 강사는 아니었기에 보수를 받는 것은 아니었지만, 대신 공짜로 요가 학원에 다

닐 수 있는 조건이었다. 어차피 퇴근 후에 요가 학원을 다니고 있었기에 흔쾌히 제안을 받아들였고, 그렇게 나는 요가 보조 강사로서 새로운 도전을 시작하게 되었다.

처음에는 요가 동작을 지도하는 것이 조금은 낯설고 어색했지만, 시간이 지날수록 점점 익숙해졌다. 한 달 정도가 지나자, 나는 회원들과 자연스럽게 소통하며 요가를 지도할 수 있게 되었다. 회원들은 나를 좋아해 주었고, 나 역시 요가를 전해주는 일이 즐거웠다. 그렇게 요가를 통해 얻었던 신체적, 정신적 치유의 경험을 다른 사람들에게도 전해줄 수 있다는 사실이 매우 보람됐다. 그 후로는 단순히 요가를 배우는 것에서 나아가, 다른 사람들에게 건강과 치유를 전해줄 수 있다는 가능성을 발견하게 되었다.

결국 나는 요가 강사 자격증을 취득하기로 결심했다. 보조 강사로 활동하면서 느낀 보람과 기쁨을 더 많은 사람들과 나누고 싶었기 때문이다. 그 후 1년 넘게 요가와 필라테스 강사 자격증을 공부했다. 드디어 자격증을 취득한 후, 본격적으로 요가 강사로서 활동을 시작한 것이다. 직장에서의 업무와 요가 강사 활동을 병행하는 것은 쉽지 않았지만, 그만큼 보람 있는 일이었다. 퇴근 후 요가 수업을 진행하면서, 나는 점점 더 많은 사람들에게 건강과 행복을 전할 수 있다는 사실에 만족감을 느꼈다.

AI시대, 꿈의 연금술사

이 경험은 이후 내가 심리상담사 자격증을 취득하고, 공방과 심리상담실을 병행하게 되는 계기가 되었다. 요가를 통해 신체적, 정신적 건강의 중요성을 느끼게 되었고, 더 나아가 사람들의 마음을 돌보고 치유하는 일에 관심을 갖게 된 계기가 되었다.

04

위기가 바꾼
나의 인생 방향

평범했던 어느 날, 엄마가 중환자실에 입원했다는 연락을 받았다. 급성 폐결핵이었다. 이미 몇 달 전부터 엄마의 몸 상태는 정상적이지 않았고, 몸무게는 35kg까지 줄어들어 있었다. 여러 병원에서 검사를 했음에도 병명은 밝혀지지 않았고, 결국 쓰러져서 응급실에 갔다. 검사 결과 폐에 물이 차서 응급 수술을 해야 한다고 했다. 수술을 마친 후 중환자실 담당 의사가 말했다.

"어머님 상태가 매우 위중해서, 오늘 당장 돌아가셔도 이상하지 않을 만큼 상황이 좋지 않습니다."

그 말을 듣고도 나는 엄마를 보지 못하고 집으로 돌아왔다. 중환자실 면회 시간이 아니었기 때문이다.

중환자실에서의 면회는 굉장히 제한적이었는데 오전 9시 반이었던 것으로 기억한다. 다음 날 아침, 회사를 가기 전에 엄마를 보기 위해 병원으로 향했다. 의사는 이번 면회가 마지막이 될 수도 있다고 말했다. 다행히 회사에서는 면회를 다녀온 후에 출근해도 된다고 배려해 주었다. 물론 회사 일에는 차질이 없도록 야근을 해서라도 마쳤다. 하지만 나는 마음이 편하지 않았다. 편의를 봐준 회사에도 같이 일하는 직원들에게도 미안했다. 회사에는 다 같이 지키는 규칙이 있고, 이를 지키지 못한다는 거 자체가 마음이 불편했다.

엄마는 오랜 병원 생활 끝에 퇴원할 수 있었다. 물론 나은 것은 아니지만 집에서 통원 치료를 받을 수 있을 만큼은 된다고 했다. 그리고 다시 갑자기 병이 악화하여 상황이 급박하게 안좋아질 수 있음을 이야기해 주었다. 엄마는 퇴원을 하고나서도 일상생활은 불가능했고 누워만 계셨다. 하지만 난 엄마 곁을 지킬 수 없었다. 정상적인 출근을 해야 했기 때문이다.

이 경험은 나에게 퇴사를 결심하게 만들었다. 회사 생활을 계속하는 한, 내 가족을 위한 시간에 제약이 있다는 것을 절실히 깨달았다. 회사에서 아무리 배려를 해주더라도, 그 상황 자체가 나에게는 큰 부담으로 남아 있었다.

그 후 나는 새로운 길을 모색하기 시작했다. 가족과의 시간을 더 많이 갖기 위해, 그리고 나만의 일을 하겠다는 결심을 하게 되었다. 공방을 운영하기로 마음먹고, 필요한 자격증을 취득하며 준비를 시작했다. 퇴사 6개월 전에는 매장을 얻어 셀프 인테리어를 시작했다.

회사를 8시에 퇴근하면 곧장 매장으로 가서 새벽 3시까지 페인트를 칠하고 바닥에 데코타일을 깔았다. 어느 것도 한 번에 완성되는 것이 없었다. 그렇게 인테리어와 씨름하다가 새벽 3시에 씻고 3~4시간 정도 잔 뒤에 다음날 출근을 했다. 첫 3개월 동안은 겨울이었는데, 집에 오가는 시간에 차라리 매장에서 출퇴근하는 게 나을 것 같아서 화장실에서 씻고 매장에서 잤다. 구옥 건물이라서 외풍도 심하고, 보일러는 작동이 되지 않아서 한겨울에 찬물로 샤워를 하고 추위와 싸우며 잠을 청했다. 뼛속까지 시리고 추운 시간이었다. 이때 정말 몸이 많이 안 좋아졌었다.

퇴사 후 한 달 뒤, 드디어 공방을 오픈했다. 오픈 준비 과정은 결코 쉬운 일이 아니었다. 사업자 등록부터 카드 단말기 설치, 각종 소품 준비까지 모든 것이 처음이었고, 많은 시간을 들여야 했다. 공방을 열었을 때는 손님이 거의 없었지만, 나는 포기하지 않고 인터넷으로 홍보를 시작했다. 그렇게 1년이 지나자 서서히 고정 수입이 생기기 시작했고, 공방의 명성도 점점 높아졌다.

그러던 중, 한 사장님이 찾아와 클레이로 수공예 꽃을 만들어 중국으로 수출하는 사업을 제안했다. 나는 그의 제안을 받아들여 공방에서 클레이아트 수업을 병행하기로 했다. 그 과정에서 많은 경단녀들을 만날 수 있었다. 이들과의 대화를 통해 결혼과 육아로 인한 어려움을 이해하게 되었고, 그들을 돕기 위해 심리상담 자격증도 취득했다.

나는 공방 운영과 심리상담을 통해 사람들의 마음을 치유하고, 그들에게 필요한 도움을 제공하는 일에 큰 보람을 느꼈다. 사업을 하면서 여러 기회가 생겼고, 선택과 결정의 중요성을 깨닫게 되었다. 실패할 가능성도 열어두어야 한다는 사실을 경험하며 성장해 나갔다.

05

가난에서 성공까지: 배움의 가치

우리 집은 가난했다. 어릴 땐 몰랐지만, 학년이 올라갈수록 알게 되었다. 친구네 집에 놀러 가거나 생일 초대를 받아서 가게되었을 때 처음에는 우리 집과 다른 건 줄만 알았다. 우리 집보다 훨씬 넓고 좋은 집, 우리 집엔 없던 차, 메이커 가방과 신발. 그냥 다른 건 줄만 알았는데 그게 차이였다.

그 차이를 나는 초등학교 때까지 전혀 몰랐다. 우리 집에 놀러왔던 친구가 다른 친구들에게 우리 집을 흉봤던 것이 이해되지 않았다. 그 친구는 알고 있었다. 평범과 가난의 차이. 난 내가 평범한 건 줄 알았는데 아니었다. 중학교에 올라가서 나는 점점 의기소침해졌다. 물론 속으로는 그랬지만 겉으로는 티 내지 않으려고 애썼다. 어느 날 친해진 친구가 자기 집에서 놀자고 초대를 해줬다. 그 친구는 나를 집에 초대해서 말했다. 집에 놀러 온 친구는 내가 유일하다고. 여러모로 나와 비슷했고, 통하는 것이 많았는데 그게 아무래도 비슷한 가정환경을 가졌기 때문이었던 거 같다. 그 친구는 내가 가난하다는 것을 알아봤고, 나보다 성숙했던 그 친구는 뭔가 어른스러웠다. 고작 중학생인데도 돈을 벌어서 집에 도움을 주어야 한다는 사명을 갖고 있었다.

그때부터 나는 그 친구와 아르바이트를 했다. 중학교 2학년이었다. 방학 때마다 전단지, 팬시점 아르바이트를 시작으로 고등학교 때는 김밥집과 주유소, 편의점에서 아르바이트를 했다. 대학교 때는 과외와 모델, PC방 등 학기 중에도 방학 때에도 쉬지 않고 일했다. 한결같이 열정과 성실함으로 나의 길을 걸어왔다. 대학 졸업 후에는 출판업계에서 시작해 프리랜서 기자, 요가 강사, 공방 운영, 그리고 심리상담사에 이르기까지 다양한 분야에서 도전하고 성공을 이루어 냈다.

나의 삶을 요약하자면 끊임없는 도전과 자기 계발의 연속이었다. 두 아이의 엄마가 된 지금도 다를 바 없다. 앞으로도 나는 새로운 길을 개척하며, 더욱더 성공하는 삶을 살아가는 것이 목표다.

나에게 성공이라는 것은 단순히 성과를 이루는 것이 아니라, 그 과정에서 얻는 성장과 깨달음을 얻는 것이라고 믿고 있다. 이러한 믿음을 바탕으로 나는 성공한 삶을 살고 있으며, 앞으로도 나의 길을 꾸준히 걸어갈 것이다. 그러기 위해서는 가장 중요하게 생각하는 것이 있다. 바로 배움이다. 무엇이든 어떤 것이든 배워야 해낼 수 있기 때문이다.

변화하는 세상 속에서의 생존과 성장을 위해서는 배움을 지속해야 한다. 우리는 과거보다 훨씬 빠르게 변화하는 세상에 살고 있다. 기술의 발전, 사회 구조의 변화, 새로운 트렌드와 지식의 등장 등은 우리가 익숙한 환경을 끊임없이 재구성하고 있다. 이런 변화 속에서 예전의 지식과 경험만으로는 더 이상 충분하지 않을 때가 많다. 과거에 성공했던 방식이 더 이상 통하지 않는 경우가 많아지는 이유는 바로 이러한 변화에 있다. 예를 들어, 한때는 특정 기술이나 전문 지식이 평생 직업적 안정성을 보장해 줄 수 있었지만, 오늘날에는 기술이 급속도로 진보하고 직업의 형태가 급변하면서 지속적인 학습 없이는 이러한 안정성을 유지하기가 어렵다. 따라서, 지속적인 배움은 단순히 새로운 지식을 얻는 것을 넘어서, 자신을 변화하는 환경에 맞춰 적응시키고, 나아가 변화를 주도할 수 있는 능력을 키워야 한다.

배움은 단순히 생존을 위한 도구가 아니라, 인생의 질을 높이는 중요한 요소다. 사람은 본능적으로 성장을 추구한다. 새로운 것을 배우고, 자신의 한계를 넘어설 때 우리는 성취감을 느끼고, 삶의 의미를 발견하게 된다. 학습을 통해 새로운 취미를 발견하거

AI시대, 꿈의 연금술사

나, 더 깊은 인간관계를 형성하거나, 자기 능력을 확장할 수 있다. 이러한 경험들은 우리의 일상에 활력을 불어넣고, 삶의 만족도를 높이는 데 기여한다.

또한, 배움은 자기 계발과 자아실현의 중요한 수단이다. 우리가 삶에서 무엇을 성취하고자 할 때, 그 과정에서의 배움은 필수적이다. 학습을 통해 우리는 자신을 더 잘 이해하게 되고, 자신의 잠재력을 발견하며, 그것을 현실화할 수 있는 도구를 얻게 된다. 나아가, 배움을 통해 우리는 더 큰 목표를 설정하고, 그것을 달성하기 위해 지속적으로 노력하게 된다. 이러한 과정은 결국 우리가 바라는 삶의 방향을 설정하는 데 중요한 역할을 한다.

그렇다면 배움을 어떻게 지속할 수 있을까? 지속적인 배움을 위해서는 다음과 같은 전략을 고려하면 좋다.

1. 호기심 유지하기

배움의 시작은 호기심에서 출발한다. 호기심은 새로운 지식에 대한 탐구를 촉진하고, 학습의 동기를 부여한다. 일상에서 발생하는 작은 궁금증도 중요하다. 새로운 분야에 대한 호기심을 키우고, 그것을 탐구해 보는 습관을 기르는 것이다. 예를 들어, 새로운 기술이나 취미에 대해 관심을 가지거나, 책이나 다큐멘터리를 통해 새로운 주제를 탐구하는 것이 도움이 된다.

2. 다양한 학습 자원 활용하기

현대 사회에서는 학습 자원이 매우 다양하다. 전통적인 책이나 강의뿐만 아니라, 온라인 강의, 팟캐스트, 유튜브, 오디오북 등 다양한 형태의 학습 도구들이 존재한다. 이러한 자원을 효과적으로 활용하면 학습의 접근성을 높이고, 시간과 장소에 구애받지 않고 배울 수 있다. 특히, 온라인 교육 플랫폼을 통해 세계적인 수준의 강의를 언제든지 들을 수 있는 시대에 살고 있다는 점은 큰 장점이다. 이러한 자원을 적극적으로 활용하여 배움의 폭을 넓히는 것이 중요하다.

3. 실천과 경험을 통한 학습

배움은 단순히 이론적 지식을 얻는 것에 그치지 않는다. 실천과 경험을 통해 학습한 내용을 실제로 적용하는 것이 중요하다. 학습한 내용을 실제 삶에 적용하고, 그 과정을 통해 피드백을 받으며 성장하는 것이 진정한 배움이다. 예를 들어, 새로운 기술을 배웠다면, 그것을 직접 프로젝트에 적용해 보거나, 실제 상황에서 사용해 보는 것이다. 이러한 실천 과정에서 우리는 더 깊이 있는 배움을 얻게 된다.

4. 배움을 일상화하기

배움을 지속하기 위해서는 그것을 일상의 일부분으로 만드는 것이 중요하다. 매일 조금씩이라도 배우는 습관을 기르는 것이다. 예를 들어, 매일 책을 몇 페이지씩 읽거나, 매일 짧은 강의를 듣는 습관을 들이는 것 등이다. 중요한 것은 배움을 일상화하는 것에 있다. 작은 습관의 변화가 큰 차이를 만들 수 있다.

5. 네트워크와 협업

혼자 배우는 것도 중요하지만, 다른 사람들과의 네트워크를 통해 배우는 것도 매우 효과적이다. 동료, 멘토, 혹은 같은 관심사를 가진 사람들과의 교류를 통해 새로운 관점을 얻고, 자신의 학습을 더욱 발전시킬 수 있다. 이러한 협업과 네트워킹은 학습의 동기 부여뿐만 아니라, 실질적인 조언과 피드백을 얻는 데도 큰 도움이 된다.

06

도전을 두려워하지 않아야 하는 이유

인생에서 도전은 성장과 발전의 필수 요소다. 도전은 새로운 것을 시도하고, 익숙하지 않은 환경에 뛰어드는 행위이기도 하다. 이러한 도전은 우리의 한계를 시험하며, 그 한계를 넘어서기 위한 과정에서 우리는 성장하게 된다.

도전을 통해 우리는 새로운 기술을 습득하고, 더 깊이 있는 경험을 쌓으며, 자신의 능력을 확장할 수 있다. 그뿐만 아니라 도전은 우리가 변화하는 세상에 적응하고, 나아가 변화를 주도할 수 있는 중요한 수단이 된다.

우리는 본능적으로 안전한 환경을 선호하고, 익숙한 것에 머무르려는 경향이 있다. 이는 불확실성과 실패에 대한 두려움에서 비롯된다. 도전을 두려워하는 것은 인간의 자연스러운 본능이다. 그러나 도전하지 않고 안전한 곳에만 머무르면, 우리는 성장할 기회를 놓치게 된다. 도전은 불확실성을 동반하지만, 그 불확실성 속에서 새로운 가능성을 발견할 수 있음을 깨달아야 한다.

도전을 두려워하지 않아야 하는 이유 중 하나가 실패라는 경험을 한다는 것이다. 왜냐하면 실패가 반드시 부정적인 결과를 의미하지 않기 때문이다. 실패는 종종 우리가 생각하는 것보다 훨씬 더 많은 것을 가르쳐준다. 무엇을 잘못했는지, 어떤 점을 개선해야 하는지를 명확히 알려준다. 이러한 실패의 경험은 우리가 더 나은 결정을 내릴 수 있도록 도와주며, 더 강해지고 지혜로워지는 계기가 되기도 한다.

편집자로서 15년간 수도 없는 책을 기획 편집하며 많은 저자들의 삶을 엿본 결과, 성공한 사람들의 공통점이 있다. 모두 실패를 경험했다는 것이다. 실패한 그들을 성공했다고 부르는 이유는 바로 실패를 두려워하지 않고, 오히려 그것을 학습의 기회로 삼아 더욱 발전해 나갔기 때문이다. 그들은 실패를 통해 배운 교훈을 바탕으로 더 나은 전략을 세우고, 결국 성공을 이룰 수 있었다. 따라서 도전을 두려워하지 않고, 실패를 받아들이며, 그것을 통해 배우는 태도가 중요하다.

또한, 도전은 우리의 삶에 의미와 목적을 부여한다. 새로운 목표를 설정하고, 그것을 달성하기 위해 노력하는 과정에서 우리는 성취감을 얻게 된다. 이 성취감은 단순히 목표를 달성했을 때뿐만 아니라, 그 과정을 통해 얻는 모든 경험과 배움에서 비롯된다. 도전을 통해 우리는 자신이 얼마나 강하고 능력 있는지를 확인할 수 있으며, 자기 존중감과 자아실현에 큰 영향을 준다.

익숙한 것에서 벗어나 새로운 것을 시도할 때, 우리는 더 많은 기회를 발견하기도 한다. 이러한 과정에서 다양한 사람들을 만나고, 새로운 아이디어와 시각을 접하게 되며, 더 넓은 세상을 경험하고, 깊이 있는 인생의 의미를 찾게 된다. 즉, 우리의 인생을 더욱 풍요롭게 만든다는 것이다. 이러한 멋진 도전을 두려워하지 않고 지속하기 위해서는 몇 가지 중요한 전략을 고려해야 한다.

1. 작은 도전부터 시작하기

큰 도전을 하기 전에 작은 도전부터 시작하는 것이 좋다. 작은 도전은 성공 가능성이 높고, 이를 통해 얻는 성취감은 더 큰 도전에 대한 자신감을 키워준다. 예를 들어, 새로운 취미를 시작하거나, 새로운 언어를 배우는 것과 같은 작은 도전은 우리가 자신감을 쌓고, 더 큰 도전을 할 수 있는 발판이 된다.

2. 긍정적인 사고방식 유지하기

도전을 두려워하지 않기 위해서는 긍정적인 사고방식을 유지해야 한다. 실패를 두려워하기보다는, 그 과정에서 얻을 수 있는 배움과 성장을 생각하는 것이다. 긍정적인 사고방식은 도전에 대한 두려움을 줄이고, 더 적극적으로 도전에 임할 수 있게 한다. 언제든 할 수 있는 실패를 두려워하기보다는, 그것을 통해 무엇을 배울 수 있을지를 생각하는 태도가 중요하다.

3. 지원 시스템 구축하기

도전을 지속하기 위해서는 주변의 지원이 필요하다. 가족, 친구, 동료 등 우리의 도전을 지지하고 응원해 줄 사람들을 찾는 것이다. 이들은 우리가 힘들 때 격려해 주고, 어려움을 극복할 수 있는 힘을 준다. 또한, 비슷한 도전을 하는 사람들과의 커뮤니케이션을 통해 서로의 경험을 공유하고, 지혜를 나누는 것도 큰 도움이 된다.

4. 목표를 명확히 설정하기

목표가 명확할수록, 우리는 그 목표를 달성하는 데 필요한 전략을 구체적으로 세울 수 있다. 또한, 목표를 달성했을 때의 성취감도 더욱 크게 느껴진다. 목표를 설정할 때는 현실적이면서도 도전적인 목표를 세우는 것이 중요하다. 너무 쉬운 목표는 성취감을 느끼기 어렵고, 또 이루기 힘든 목표는 좌절감을 줄 수 있기 때문에, 적절한 균형이 필요하다. 그렇게 목표를 설정해 가는 과정 속에서 스스로를 알아갈 수 있게 되기도 한다.

5. 실패를 받아들이고, 재도전하기

도전의 과정에서 실패는 피할 수 없는 부분이다. 중요한 것은 실패를 어떻게 받아들이고, 그것을 통해 무엇을 배우는가다. 실패를 경험할 때, 그것을 부정적으로 받아들이기보다는 배움의 기회로 삼아야 한다. 실패를 통해 얻은 교훈을 바탕으로, 다시 도전할 수 있는 용기를 가지는 것이 중요하다. 예를 들어, 사업에서 실패했다면, 그 원인을 분석하고 새로운 전략을 세워 재도전하는 용기를 가져야 한다.

6. 도전의 즐거움을 발견하기

도전 자체를 즐기고, 그 과정에서 얻는 경험과 배움을 소중히 여기는 태도가 필요하다. 도전을 단순히 목표를 달성하기 위한 수단으로 보지 않고, 그 자체를 즐기고 의미를 찾는 것이다. 예를 들어, 새로운 취미를 시작할 때, 그 과정을 즐기고, 그 속에서 얻는 작은 성취를 기쁨으로 받아들이는 것이다.

결국, 도전을 두려워하지 않고 지속하는 것은 인생을 더욱 의미 있고 풍부하게 살아가는 방법이다. 도전은 우리가 성장하고 발전할 수 있는 기회를 제공하며, 삶에 의미와 성취감을 부여한다. 도전을 두려워하지 않고, 실패를 받아들이며, 그것을 통해 배우는 태도는 한층 성장하는 자신을 만들어 갈 수 있다.

도전은 단순히 큰 성공을 위한 것이 아니다. 도전의 과정에서 우리는 자신을 더 잘 이해하게 되고, 잠재력을 발견하며, 그것을 실현해 나가는 과정을 경험하게 된다. 이러한 경험들은 우리에게 더 큰 용기와 자신감을 주며, 더 큰 도전을 할 수 있는 기반을 마련해 주기도 한다.

도전의 여정은 결코 쉽지 않지만, 도전을 두려워하지 않는 용기와, 그것을 지속할 수 있는 전략을 통해 우리는 더 큰 성취를 이룰 수 있을 것이다.

07

AI 시대,
워킹맘으로 살아가기

나는 늘 배우고 도전하며 살아왔다고 자부했다. 다양한 직업을 경험하며 나 자신을 끊임없이 발전시키고자 노력했고, 새로운 분야에 도전하는 것을 두려워하지 않았다. 그러나 아이를 낳고 나니, 그동안 쌓아온 모든 것이 한순간에 무너져 내리는 듯한 느낌을 받았다. 열심히 달리며 성취감을 느끼던 내가 갑자기 툭 멈춰 버린 것만 같았다.

아이를 키우는 일은 생각보다 훨씬 더 고된 일이었고, 매 순간이 도전이었지만, 이상하게도 이전의 도전과는 다르게 느껴졌다. 내가 쏟아붓는 모든 에너지가 육아라는 거대한 소용돌이에 휘말려 어디론가 사라져 버리는 것처럼 느껴졌다.

하지만 어느 순간, 이 모든 과정이 내 인생에서 가장 중요한 도전임을 깨달았다. 육아는 나에게 이전과는 다른 종류의 성취감을 주었고, 무엇보다도 내 삶의 새로운 의미를 찾아가게 해주었다. 동시에, 나는 다시 한번 생각했다. '나 자신으로 돌아가는 방법은 무엇일까?'라고. 그때 눈에 들어온 것이 바로 AI였다.

이전까지 쌓아온 경험을 바탕으로, 나는 이 새로운 시대에서 아이 엄마로서, 그리고 나 자신으로서 어떻게 살아가야 할지 고민하기 시작했다. 그래서 AI라는 도구를 활용해 나의 삶과 커리어를 다시 한번 도전해 보자고 결심하게 되었다.

물론 처음에는 막막하기만 했다. AI라는 단어 자체가 주는 낯섦과 거리감, 그리고 그 기술의 속도를 따라잡아야 한다는 압박감이 컸다. 아이를 돌보는 틈틈이 AI와 관련된 정보를 찾아보았고, 점점 더 많은 시간을 할애하며 학습하기 시작했다. 그런데 이 과정에서 놀라운 발견을 하게 되었다. AI는 출판 편집자에게 위협이 되는 것이 아니라, 오히려 큰 기회가 될 수 있다는 것이었다.

이제 AI는 단순히 텍스트를 자동으로 생성하거나 문법을 교정하는 것 이상의 역할을 한다. 데이터를 분석하고, 독자의 취향을 예측하며, 맞춤형 콘텐츠를 제공하는 데 큰 역할을 하고 있다. 이러한 도구들을 활용하면 나의 업무 효율성을 높이고, 더 창의적인 작업에 집중할 수 있는 여지가 생긴다는 것을 깨달았다. 특히 AI는 반복적이고 시간 소모적인 작업을 대신 처리해 줌으로써, 육아와 일 사이에서 균형을 찾는 데 큰 도움이 되었다.

다음은 AI 시대에 엄마로서 AI에 도전하는 것이 어떤 의미를 갖는지, 어떻게 해나갈 수 있을 것인지 이야기해 보려 한다.

1. AI에 대한 두려움 극복하기

먼저, AI에 대한 두려움을 극복하는 것이다. 새로운 기술이 등장할 때마다 우리는 그것이 가져올 변화에 대해 불안감을 느낀다. 특히 AI는 일자리 감소, 인간의 역할 축소 등과 관련된 부정적인 전망이 많이 제기되기 때문에 더욱 그런 것 같다. 그러나 AI는 우리의 삶을 더 편리하고, 효율적으로 만들어 줄 수 있는 도구일 뿐이다. 따라서 AI에 대해 열린 마음을 가지고, 그것을 적으로 여기기보다는 함께 일할 수 있는 도구로 인식하는 것이 필요하다.

2. AI 기술 이해하고 배우기

AI를 두려워하지 않기 위해서는 먼저 그것을 이해하는 것이 중요하다. 일단 조금이라도 배워보자. 알아야 이해를 할 것이고, 조금이라도 알기 위한 행동이 나를 깨우는 방법이 되기도 한다. 일상에서 아이들이 학교에 가 있는 동안 AI 관련 온라인 강좌를 수강하거나, 주말에 시간을 내어 관련 서적을 읽는 것도 좋은 방법이다. 기본적인 AI 개념을 이해하면, 그 기술을 어떤 방식으로 활용할 수 있을지에 대한 아이디어도 떠오를 것이다.

3. AI 활용하여 시간 관리하기

엄마의 역할은 많은 시간과 에너지를 요구한다. 아이들을 돌보고, 집안일을 챙기고, 가족의 일정을 관리하는 일은 끝이 없다. 이때 AI 기술은 시간을 효율적으로 관리하는 데 큰 도움을 받을 수 있다. 출산 후 자주 깜박거리는 게 있는데 일상에서 쉽게 사용할 수 있는 AI 기반의 일정 관리 앱(Motion 또는 Reclaim)이나 연령별 놀이 앱(Kinedu 또는 Homer)을 활용하면 알림으로도 알려줘서 일상에서 편하게 사용할 수 있다. 이러한 도구들은 일상적인 반복 작업을 자동화하여, 엄마로서 더 중요한 일에 집중할 수 있는 시간을 확보해 준다.

4. AI를 활용한 창의적인 커리어 개발

AI는 단순히 시간을 절약하는 것 이상으로, 새로운 커리어 기회를 제공할 수도 있다. 예를 들어, AI가 생성한 데이터를 기반으로 기존에 하고 있거나 또는 해왔던 일에 접목을 시키거나, AI를 활용해 콘텐츠를 제작하는 일은 엄마들이 비교적 유연하게 접근할 수 있다. 또한 AI와 관련된 지식과 기술을 바탕으로 프리랜서로 일하거나, 자신의 경험을 블로그나 유튜브 채널에 공유하며 수익을 창출할 수도 있다. AI는 엄마들이 창의성을 발휘하고, 자신만의 커리어를 새롭게 개발할 수 있는 훌륭한 도구가 될 것이다.

5. 자녀 교육과 AI 결합하기

엄마로서 아이들의 미래를 생각하지 않을 수 없다. AI는 아이들의 교육에도 큰 영향을 미치고 있으며, 이를 잘 활용하면 자녀 교육에도 긍정적인 변화를 불러올 수 있다. 예를 들어, AI 기반의 교육 앱(ABCmouse: 1만개 이상의 종합 학습 프로그램)을 활용해 아이들의 학습 성향을 파악하고, 그에 맞춘 맞춤형 학습을 제공할 수 있다. 또, 아이들에게 AI에 대한 기본 개념을 가르치고, 기술에 대한 흥미를 키워주는 것도 가능하다. 엄마로서 AI에 대한 긍정적인 태도를 보여주면, 아이들도 자연스럽게 AI에 대해 친숙해지고, 미래의 변화에 더 잘 적응할 수 있을 것이다.

6. AI와 인간의 역할 균형 맞추기

AI가 많은 작업을 자동화하고 효율성을 높이는 데 도움을 줄 수 있지만, 인간의 역할은 여전히 중요하다. 특히 엄마의 역할은 AI가 대체할 수 없는 감정적, 정신적 지지와 사랑을 제공한다. AI는 가사나 일상 업무에서 도움을 줄 수 있지만, 아이들과의 정서적 유대나 가정에서의 따뜻한 분위기를 만드는 일은 여전히 엄마의 몫이다. 따라서 AI와 인간의 역할을 균형 있게 유지하는 것이 중요하다.

그럼 이러한 AI 기술을 이용하여 아이를 낳은 후에도 경단녀가 되지 않고, 집에서도 능력을 키울 수 있는 워킹맘이 되는 방법은 무엇이 있을까? AI 시대이기에 우리같이 아이를 키우는 엄마들도 일을 할 가능성이 커졌다. 특히 재택근무를 원하는 엄마들에게 AI는 시간과 장소에 구애받지 않고 일할 수 있는 다양한 방법을 제공한다. 또한 창의적인 일부터 디지털 콘텐츠 생성까지, 많은 분야에서 수익을 창출할 수 있게 되었다. 지금부터는 AI를 이용해 재택으로 할 수 있는 부업 방법이 무엇인지 구체적으로 살펴보도록 하자.

1. AI 디자인 생성 프로그램으로 수익 창출하기

디자인은 다양한 분야에서 꾸준히 수요가 있는 분야다. AI를 통해 디자인을 쉽게 생성하고, 이를 활용해 수익을 창출할 수 있다. 특히 디자인 경험이 부족한 사람들도 AI 툴을 활용하면 손쉽게 전문가 수준의 결과물을 만들어 낼 수 있다.

Midjourney나 DALL·E와 같은 AI 기반 디자인 생성 프로그램을 사용하면 복잡한 디자인 작업을 자동화할 수 있다. 이러한 도구들은 몇 가지 간단한 입력으로 다양한 이미지와 그래픽을 생성해 준다. 제품 패키지 디자인, 로고, 배너 광고 등을 쉽게 만들수 있으며, 만들어진 이미지는 다음과 같은 방식으로 수익과 연결할 수 있다.

-프리랜서 플랫폼 활용: 디자인을 만든 후, 크몽이나 숨고 같은 프리랜서 플랫폼에서 디자인 제작 의뢰를 받을 수 있다. 크몽은 디자인 작업을 원하는 의뢰인들과 작업자를 연결해 주는 플랫폼으로, 일정 수수료를 제외하고 직접 수익을 창출할 수 있는 좋은 경로다. 이 외에도 Upwork나 Fiverr 같은 해외 프리랜서 플랫폼에서도 활동할 수 있다.

-YouTube와 SNS에서 활용: 생성한 디자인을 유튜브 썸네일, 인스타그램 광고 배너, 블로그 콘텐츠 등에 활용하여 간접적인 마케팅 수익을 창출할 수 있다. 특히 유튜브나 인스타그램에서 꾸준히 콘텐츠를 올리며 AI로 생성한 이미지를 콘텐츠에 활용하면, 시각적으로 매력적인 콘텐츠 제공이 가능하다.

2. AI를 활용한 유튜브 콘텐츠 생성 및 수익화

우리가 가장 익숙한 건 유튜브가 아닐까 한다. 익숙하기에 시작하기도 쉽다. 유튜브는 세계적으로 가장 인기 있는 플랫폼 중 하나이기도 하다. 우리가 자주 보는 유튜브에 영상 콘텐츠를 꾸준히 올리면 수익도 꾸준히 낼 수 있다. 육아 중인 엄마들도 AI를 활용하면 간편하게 콘텐츠를 제작하여 유튜브에 올려 수익을 창출해 보자.

-AI 자막 생성 및 편집 도구 활용: Descript, CapCut과 같은 AI 기반 동영상 편집 도구를 사용하면, 영상 편집이 간편해진다. 또한 AI는 자동으로 자막을 생성하고, 영상 내에서 중요한 부분을 강조하는 다양한 효과를 추가하는 것도 가능하다. 이렇게 생성된 콘텐츠는 유튜브 알고리즘에 맞게 최적화된 포맷으로 업로드될 수 있다.

-AI 스크립트 작성 도구: 영상 스크립트를 작성하는 데 시간을 많이 들일 필요가 없다. ChatGPT와 같은 AI는 원하는 주제나 콘텐츠에 맞춰 자동으로 스크립트를 생성해 주기 때문이다. 이를 바탕으로 촬영한 영상은 간단하게 편집한 후 유튜브에 업로드할 수 있다.

-AI 음성 생성 도구 활용: 비싼 마이크를 사서 번거롭게 직접 녹음하지 않아도 된다. Murf, WellSaid Labs와 같은 AI 기반 음성 합성 도구를 사용하면, 직접 음성 녹음을 하지 않아도 자연스러운 목소리로 영상 제작하는 것이 가능하다. AI로 생성된 음성으로 영상을 내보내거나, 더 나아가 음성 콘텐츠로 팟캐스트를 제작할 수도 있다.

3. 그 외 AI를 이용한 다양한 수익화 방법

　-AI 기반 번역 서비스: DeepL, Google 번역 등 AI 기반 번역 도구를 활용하여 번역 작업을 할 수 있다. 번역 경험이 없어도 AI가 제공하는 번역을 바탕으로 언어 수정 작업을 거쳐 질 높은 결과물이 가능하다. 위에서 제시한 프리랜서 플랫폼에 번역 서비스로 올려 수익을 올릴 수 있다.

　-AI 글쓰기 도구 활용: Copy.ai, Writesonic과 같은 AI 글쓰기 도구는 블로그 게시글, 마케팅 카피, 소셜 미디어 콘텐츠 등을 자동으로 생성해 준다. 이러한 도구를 활용하여 블로그 운영이나 콘텐츠 마케팅 서비스를 제공할 수 있으며, 글쓰기 실력에 상관없이 수익을 창출할 수 있다.

　-AI 음악 및 음향 디자인: AIVA나 Soundraw 같은 AI 음악 생성 도구를 이용하면 음악적 지식이 없어도 배경음악이나 짧은 음악 클립을 생성할 수 있다. 이를 통해 유튜브 영상이나 광고에 사용될 음악을 판매하거나, 음향 디자인 의뢰를 받을 수 있다.

　-AI 코드 생성으로 개발 의뢰 받기: 간단한 웹사이트나 앱을 만드는 데 필요한 코드를 AI가 생성해 준다. GitHub Copilot이나 ChatGPT 같은 AI 코딩 도구는 프로그래밍 지식이 부족한 사람

AI시대, 꿈의 연금술사

들도 쉽게 코드를 작성할 수 있도록 도와준다. 이를 바탕으로 간단한 웹 디자인이나 프로그램 개발을 의뢰받으면 된다.

이제는 AI를 도구로 삼아 자신만의 부업을 시작할 수 있는 시대가 열렸다. 디자인 생성, 콘텐츠 제작, 번역, 음악 등 다양한 분야에서 AI를 활용하면 더욱 효과적으로 시간과 에너지를 사용할 수 있다. 기술적 경험이 없더라도 AI가 제공하는 솔루션을 활용해 자신의 재능을 확장하고, 더 많은 기회를 만들어 낼 수 있게 된 것이다. 육아하는 엄마들에게 AI는 재택으로도 어렵지 않게 새로운 수익 창출이 가능하게 해 준다. 자신을 잃지 않고 발전시켜 나가는 멋진 워킹맘을 집에서 이룰 수 있게 되었다는 의미다.

AI 시대에 워킹맘으로 살아간다는 것은 두 가지 역할을 충실히 해내기 위한 도전을 의미한다. 기술을 두려워하지 않고 이를 활용하는 능력, 철저한 시간 관리와 우선순위 설정, 지속적인 자기 계발과 자아 관리, 그리고 창의성과 독창성을 발휘하는 능력 등이 그 핵심 전략이다. 이러한 방법들을 통해 AI 시대에서도 직업적인 성공과 가정에서의 행복을 모두 이루어 나갈 수 있다고 생각한다.

나 역시 처음에는 AI라는 단어조차 생소하게 느껴졌지만, 한 걸음씩 그 세계로 들어가며 내가 해온 일들에 새로운 가능성을 발견했다. 예를 들어, 예전에는 일일이 손으로 정리했던 편집 작업들을 이제는 AI의 도움을 받아 훨씬 더 효율적으로 처리할 수 있었다. 이로 인해 절약된 시간은 아이와 더 많은 시간을 보내거나, 나 자신을 위한 여유 시간을 가질 수 있는 소중한 자원이 되었다.

물론 여전히 새로운 기술을 배워나가는 과정은 쉽지 않다. 아이가 잠들고 나서야 겨우 시간을 내어 공부를 해야 했고, 때로는 스스로에게 회의감이 들 때도 있었다. 하지만 나는 매 순간 나와 내 가족을 위해 더 나은 선택을 하고 있다는 믿음으로 버텼다. 그 결과, 나는 단순히 AI 기술을 익힌 것을 넘어서, 그것을 통해 나만의 새로운 길을 개척해 나가고 있다.

이 과정에서 가장 중요한 것은 자신을 잃지 않는 것이었다. AI는 강력한 도구이지만, 결국 그것을 어떻게 활용할지는 온전히 나의 몫이다. 나는 내가 원하는 방향으로 기술을 활용해, 더 창의적인 콘텐츠를 만들고, 독자들에게 더 큰 가치를 전달할 수 있는 방법을 찾아 나가고 있다. 이 과정에서 엄마로서의 나와 출판 편집자로서의 나를 조화롭게 융합시키며, 두 역할 모두에서 의미 있는 성과를 내기 위해 끊임없이 노력하고 있다.

AI 시대에서 새로운 도전을 두려워하지 않고, 그 과정에서 배우고 성장하며, 나와 내 가족 모두에게 긍정적인 영향을 미칠 수 있는 길을 찾아가는 것. 그것이야말로 이 시대를 살아가는 나의 가장 큰 목표이자 성취가 아닐까 한다.

AI시대, 꿈의 연금술사

초판 1쇄 인쇄 2024년 10월 17일
1쇄 발행 2024년 10월 21일

지은이 방승영, 박배영, 양현진, 신지은
펴낸이 전지윤
책　임 최대중
디자인 박정호

펴낸곳 리드썸
출판등록 2023년 8월 11일
신고번호 제 2023-000055호
주소 경기도 화성시 동탄대로 683, SH스퀘어2 339호
이메일 readsome@naver.com

ISBN 979-11-93797-07-5 (13190)